Dipl. oec. troph. Andreas Scholz
Prof. Dr. Michael Hamm

Musclefood

*Optimale Performance und effektiver
Muskelaufbau durch den richtigen
Einsatz von Sportlernahrung*

Inhalt

Vorwort   4

Grundlagen zur Muskulatur   6

Warum Muskeln so wichtig sind   8

Aufbau und Funktion der Muskeln   10

Energieversorgung der Muskulatur   13

Warum wir trainieren (müssen)   18

Ernährung – du bist, was du isst   20

Was ist eigentlich gesunde Ernährung?   22

Brauchen wir Nahrungsergänzungen?   32

Trends in der Sporternährung   38

Die wichtigsten Nahrungsergänzungen   42

Pulver und Pillen für optimale Leistung?   44

Augen auf beim Supplementekauf   45

Aminosäuren – Bausteine des Lebens   48

L-Arginin und L-Ornithin   51

BCAA – antikataboler Schutz   54

L–Carnitin – ein echter Fatburner?   59

CLA – Körperfettabbau durch Fettsäuren?   66

Creatin – das Powersupplement   68

Creatinpyruvat – eine gute Verbindung   72

Fitnessgetränke – optimale Durstlöscher 74

Fitness-Shakes für festes Bindegewebe 79

L-Glutamin – semi-essenzielle Aminosäure 80

Glycerin für mehr Zellvolumen 84

HMB zur Steigerung der Muskelmasse? 86

Kohlenhydratkonzentrate 87

Magnesium – das Hochleistungselement 90

Prohormone – sinnvoll oder gefährlich? 92

Proteinkonzentrate – Basis des Erfolgs 93

Pyruvat – ein Spitzensupplement 105

Ribose – besser als Creatin? 110

Sportler-, Eiweiß- und Fitnessriegel 114

Tribulus Terrestris 117

Vanadylsulfat für besseren Pump? 118

Weight Gainer gehören dazu 119

Zellvoluminizer für Kraft und Masse 122

Literaturverzeichnis 124

Register 126

Impressum 128

Vorwort

Dieses Buch soll unsere jahrelange Erfahrung in der ernährungswissenschaftlichen Forschung und der Entwicklung von Sportlernahrung mit Erkenntnissen aus der Praxis verbinden. Forschung findet an zwei Orten statt: im Institut oder Labor und im Sportstudio. Wissenschaftliche Studien sind wichtig und können ein klares positives oder negatives Ergebnis bringen. Dadurch können mögliche Einsatzgebiete für Nahrungsergänzungen aufgezeigt werden. Doch ob ein Produkt wirklich einen Vorteil bietet, kann nur durch Anwendungsbeobachtungen mit erfahrenen Sportlern herausgefunden werden.

Als Ernährungswissenschaftler und Kraftsportler habe ich selbst die Erfahrung gemacht, dass sich Ergebnisse aus der Wissenschaft nicht immer auf den Sportler übertragen lassen.

Vielleicht kennen auch Sie das Problem, dass man nicht immer in der Lage ist, die Basisernährung wirklich vollwertig zu gestalten – sei es aus Zeitmangel oder einfach aus Bequemlichkeit. Um dennoch alle benötigten Nährstoffe für den Muskelaufbau und zur Energieversorgung aufzunehmen, sind Nahrungsergänzungen hilfreich.

Andere Substanzen (z. B. Creatin) können aber selbst über eine ausgewogene Basisernährung nicht in ausreichender Menge aufgenommen werden, um echte Höchstleistungen erbringen zu können. Ist man an Topleistungen interessiert, sollte man grundsätzlich supplementieren. Das vorliegende Buch bietet wissenschaftliche Grundlagen über die Muskulatur, die Energiebereitstellung und eine ausgewogene Basisernährung, um die Zusammenhänge zwischen Nahrung und Muskelwachstum deutlich zu machen. Außerdem bietet es eine Übersicht der gängigsten Nahrungsergänzungen. Kritische Bewertungen der Substanzen und Tipps zum Kauf runden die Informationen ab.

Andreas Scholz

Während kritische Ernährungsberater Nahrungsergänzungen oft pauschal ablehnen und eine ausgewogene und vollwertige Ernährung vorziehen, sieht die Praxis meist ganz anders aus. Immer mehr Menschen – vor allem sportlich Aktive – vertrauen auf eine nahrungsergänzende Einnahme von Vitaminen, Mineralstoffen, Aminosäuren und anderen Gesundheits- und Leistungsförderern.

Leider kommt es beim Einsatz von Nahrungsergänzungen immer wieder zu Missverständnissen. Die wichtigsten Erfolgsvoraussetzungen für optimale Leistungen im Sport bilden nämlich nach wie vor nicht die Nahrungsergänzung, sondern die persönlich richtige Ernährung und das entsprechend fundiert aufgebaute Trainingsprogramm. Kein noch so gutes Nahrungsergänzungsmittel kann Trainingsfleiß und Sorgfalt bei der Zusammenstellung der gesunden Basisernährung ersetzen.

Viele Nahrungsergänzungsmittel entfalten ihre Wirkung sogar erst dann, wenn man bereits ein gewisses Trainingsniveau erreicht hat. Sicher können auch Sportanfänger von Fitnessgetränken und Riegeln sowie Magnesium profitieren. Viele Mittel (z. B. spezielle Aminosäurenformeln) helfen – wenn überhaupt – aber erst dem Fortgeschrittenen. Und wenn eine vermeintlich sensationell wirksame Substanz nichts bringt, dann lassen Aktive, die ihren Körper und seine Reaktionen sicherlich besser einschätzen können als körperlich Nichtaktive, auch bald wieder die Finger davon. Wissenschaftler sollten die Erfahrungen ernsthaft trainierender Sportlerinnen und Sportler nicht unterschätzen. Wenn man die richtige Reihenfolge der Leistungsfaktoren beachtet, kann der vorliegende Ratgeber mit Sicherheit eine gute Orientierung über entsprechendes Muscle Food geben und einen Beitrag zum Verständnis der Wirkungsweise der einzelnen Substanzen leisten.

Prof. Dr. Michael Hamm

Grundlagen zur Muskulatur

Bevor man seine Muskulatur richtig trainieren und aufbauen kann, sollte man wissen, wie sie arbeitet, wächst und mit Energie versorgt wird. Dieses Kapitel beschäftigt sich daher mit der Physiologie unserer Muskeln und der Energiegewinnung in unseren körpereigenen »Kraftwerken«.

Warum Muskeln so wichtig sind

Muskeln machen nicht nur stark, sie halten uns auch schlank, fit und gesund. Sie ermöglichen uns normale »Kraftakte« wie Beugen oder Strecken, Heben oder Senken, Heranziehen oder Wegdrücken und Drehen. Sie lassen uns aufrecht gehen, schützen Gelenke und (unter-) stützen die Wirbelsäule. Nicht zuletzt verbrennen aktive Muskeln Fett.

Nur Muskeln können Fett verbrennen. Dabei gilt: Je mehr Muskeln, desto mehr Fett wird verbrannt!

Wer also etwas für sich tun will, sollte seine Muskulatur erhalten oder sogar stärken. Für den Erhalt gilt ein biologisches Grundgesetz: Bekommen die Muskeln keine Reize, weil sie aus Bequemlichkeit nur minimal eingesetzt werden, verharren sie zunächst auf dem einmal ausgebildeten Niveau und bilden sich schließlich sogar zurück.

Fehlende Bewegung schwächt die Muskulatur

Ein durch Gipsverband ruhig gestelltes Bein nimmt bereits nach relativ kurzer Zeit deutlich an Umfang ab. Ursache dafür ist nicht ein Fettabbau, sondern ein Verlust an Beinmuskulatur.

Muskeln sind nicht nur etwas für Männer

Die fettfreie Körpersubstanz (Muskeln, Knochen, Organe und Körperwasser), die so genannte Lean Body Mass, macht bei Frauen etwa 70 bis 80 Prozent des Körpergewichts aus, bei Männern sind es dagegen 80 bis 90 Prozent (je nach Trainingszustand). Da Muskeln stoffwechselaktives Gewebe sind und auch im Ruhezustand Energie verbrauchen, haben Männer deshalb einen höheren Grundumsatz als Frauen.

Frauen sollten aber keine Angst vor zu viel Muskeln haben. Die Muskulatur formt den Körper und ist das »Make-up« von innen. Aufgrund vieler physiologischer Gegebenheiten (Hormonproduktion) können Frauen zudem keine riesigen Muskelmassen aufbauen.

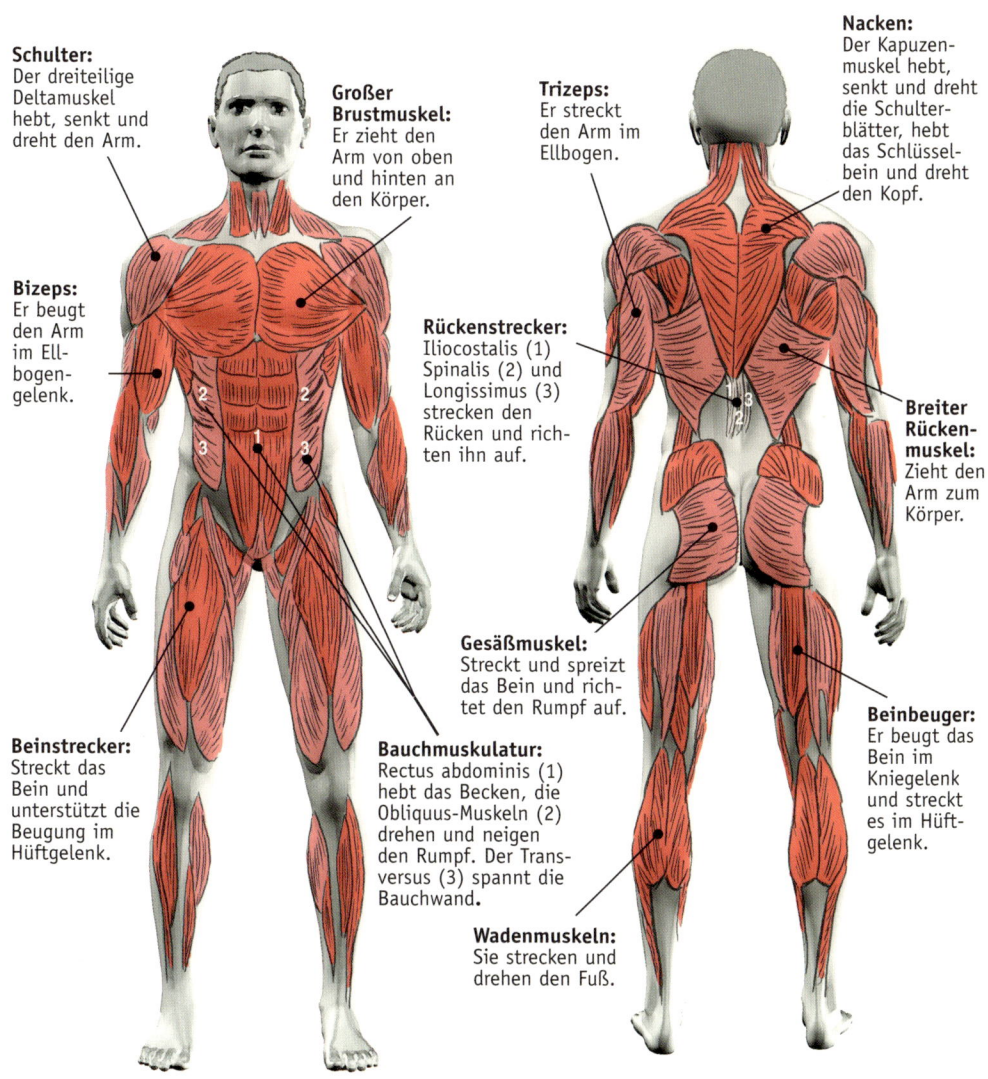

Schulter:
Der dreiteilige
Deltamuskel
hebt, senkt und
dreht den Arm.

**Großer
Brustmuskel:**
Er zieht den
Arm von oben
und hinten an
den Körper.

Trizeps:
Er streckt
den Arm im
Ellbogen.

Nacken:
Der Kapuzen-
muskel hebt,
senkt und dreht
die Schulter-
blätter, hebt
das Schlüssel-
bein und dreht
den Kopf.

Bizeps:
Er beugt
den Arm
im Ell-
bogen-
gelenk.

Rückenstrecker:
Iliocostalis (1)
Spinalis (2) und
Longissimus (3)
strecken den
Rücken und rich-
ten ihn auf.

**Breiter
Rücken-
muskel:**
Zieht den
Arm zum
Körper.

Beinstrecker:
Streckt das
Bein und
unterstützt die
Beugung im
Hüftgelenk.

Bauchmuskulatur:
Rectus abdominis (1)
hebt das Becken, die
Obliquus-Muskeln (2)
drehen und neigen
den Rumpf. Der Trans-
versus (3) spannt die
Bauchwand.

Gesäßmuskel:
Streckt und spreizt
das Bein und rich-
tet den Rumpf auf.

Beinbeuger:
Er beugt das
Bein im
Kniegelenk
und streckt
es im Hüft-
gelenk.

Wadenmuskeln:
Sie strecken und
drehen den Fuß.

9

Aufbau und Funktion der Muskeln

Durch Zusammenziehen (Kontraktion) und Erschlaffung (Relaxation) ermöglicht das Muskelgewebe als Motor des gesamten Bewegungsapparates die aktiven Bewegungsabläufe unseres Körpers.

Die wichtigste Muskelgruppe ist die so genannte Skelettmuskulatur. Der Grundbaustein der Skelettmuskulatur sind die quergestreiften Muskelfasern, die wiederum zu größeren Muskelfaserbündeln zusammengefasst sind. Jede einzelne Muskelfaser beinhaltet kontraktile Elemente (Myofibrillen), »Kraftwerke« für die Energieproduktion (Mitochondrien) sowie Energiespeicher (Glykogen).

Im Gegensatz zu anderen Muskelarten, z. B. die Darmmuskulatur, können wir die quergestreifte Muskulatur in Kraft, Geschwindigkeit und Dauer der Kontraktion bewusst beeinflussen.

Bei austrainierten Bodybuildern ist die quergestreifte Muskulatur unter der Haut sichtbar.

Nicht alle Muskelfasern sind gleich

Erfahrungen aus der Praxis zeigen, dass nicht alle Sportler durch die selben Trainingsmaßnahmen auch den gleichen Erfolg erzielen. Das hängt damit zusammen, dass jeder Muskel aus verschiedenen Muskelfasertypen besteht. Man unterscheidet im Wesentlichen zwei unterschiedliche Typen:

- Rote, langsam zuckende Muskelfasern (slow-twich-fibers oder ST-Fasern) sind schlank. Sie kontrahieren und erschlaffen langsam – wie der Name schon sagt. Ihre rote Farbe erhalten sie durch einen hohen Myoglobingehalt. Das Protein Myoglobin ist der Sauerstoffspeicher des Muskels. Außerdem sind sie reich an Mitochondrien. Daraus resultiert eine höhere Kapazität bei der aeroben Energiegewinnung (mit Sauerstoff, siehe Seite 15f.) aus Kohlenhydraten und Fetten für Ausdauerleistungen.
- Weiße, schnell zuckende Muskelfasern (fast-twich-glycolytic-fibers oder FTG-Fasern) enthalten weniger Myoglobin und haben damit

ein blasseres Aussehen. Weiße Fasern sind deutlich dicker als rote und verfügen über eine hohe Kapazität für kurzfristige, anaerobe Kraftleistungen (Energiegewinnung aus Kohlenhydraten ohne Sauerstoff, siehe Seite 15f.). Die weißen Muskelfasern kommen überwiegend bei kurzen, kraftvollen Bewegungsabläufen (Schnellkraft, Intervallbelastungen) zum Einsatz und haben das größte Wachstumspotenzial.

Verteilung der Muskelfasertypen

Normalerweise finden sich schnell und langsam kontrahierende Muskelfasertypen etwa zu gleichen Teilen im Körper. Die genaue Zusammensetzung der Skelettmuskulatur aus den unterschiedlichen Fasertypen ist dabei stark anlagebedingt, was für beide Geschlechter gilt. In Einzelfällen kann das Verteilungsmuster »schnell« zu »langsam« jedoch auch 90:10 bzw. 10:90 betragen. Solche Personen sind dann entweder die »geborenen« Kraftsportler oder Marathonläufer.

Das persönliche Verteilungsmuster der Muskelfasertypen (rechtzeitig) zu erkennen kann also unter den Zielsetzungen im Leistungs- und Hochleistungssport helfen, individuelle sportartspezifische Spitzenleistungen zu realisieren bzw. die persönlichen Chancen dafür auszuloten. In der ehemaligen DDR waren Muskelbiopsien daher eine gängige Praxis, um herauszufinden, wer für welche Sportart geeignet ist.

Erfolgreiche Bodybuilder haben einen hohen Anteil an weißen Muskelfasern.

Für Spitzenleistungen im Bodybuilding ist ein hoher Anteil an weißen Muskelfasern günstig. Zwar können sich auch rote Fasern durch Training verdicken, die weißen neigen aber stärker zur Hypertrophie (Verdickung). Wer allerdings von vornherein viele rote und wenig weiße Fasern besitzt, kann dieses Verteilungsmuster auch durch Krafttraining nicht zugunsten der weißen verändern. Umgekehrt lassen sich jedoch die weißen Fasern durch Ausdauertraining funktionsmäßig in rote »umpolen«.

Die charakteristischen Querstreifen der Skelettmuskeln erklären sich durch die periodisch aneinander gelagerten Aktin- und Myosinmoleküle. Die dünneren Aktinmoleküle erscheinen hell, die dickeren Myosinabschnitte dunkel.

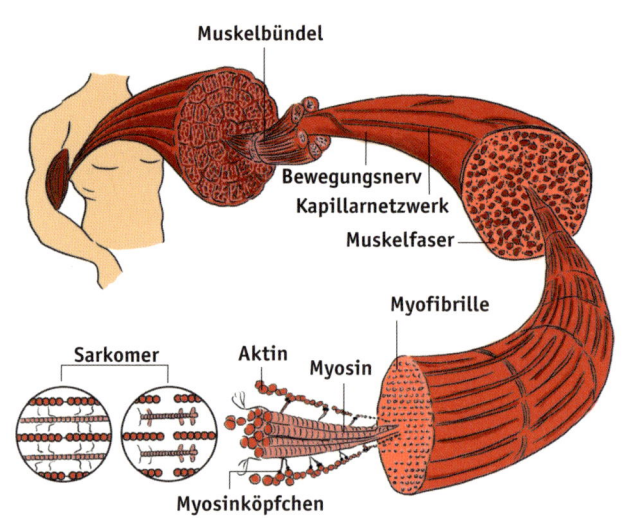

Muskelbündel

Bewegungsnerv
Kapillarnetzwerk
Muskelfaser

Myofibrille

Sarkomer   Aktin   Myosin

Myosinköpfchen

Muskelarbeit im Detail

Die etwa 650 längs gestreiften Skelettmuskeln bestehen aus Bündeln von Muskelfasern – jede einzelne davon kann bis zu zwölf Zentimeter lang sein, ist jedoch nicht dicker als ein zehntel Millimeter. Die gebündelten Fasern sind von Adern und Nerven umgeben. Durch die Adern gelangen Nährstoffe und Sauerstoff in jede Faser, Stoffwechselendprodukte werden durch sie abtransportiert. Die Nerven leiten die Impulse für die Kontraktion und Entspannung zu den Muskeln.

Jede einzelne Muskelfaser teilt sich in mehrere hundert Myofibrillen, die die Kontraktion erst ermöglichen. Eine Myofibrille ist wie eine Kette aufgebaut. Die einzelnen Miniaturglieder, die Sarkomere, beherbergen zwei Proteinstränge: das Myosin und das Aktin. Die beiden parallel laufenden Stränge sind durch die am Aktin angedockten Myosinköpfchen miteinander verbunden. Bekommt das Köpfchen plötzlich Energie, löst es den Halt, hakt sich weiter vorne wieder ein und zieht so das Sarkomer zusammen – wie beim Tauziehen mit Nachfassen. Für nur eine einzige Kontraktion des Muskels passiert das 5- bis 50-mal pro Sekunde in Billionen von Sarkomeren!

Energieversorgung der Muskulatur

Nahrungsenergie ist der Treibstoff für unseren »Muskelmotor«. Wir benötigen aber nicht nur für die so genannte mechanische Arbeitsleistung, also die Muskelkontraktionen, energieliefernde Nährstoffe, sondern auch für die chemische Arbeit unseres Organismus. Damit sind die Aufbauvorgänge in unserem Körper gemeint, wie z. B. die Proteinsynthese beim Krafttraining (die Umwandlung von Nahrungseiweiß in Muskeleiweiß).

Anaboler und kataboler Stoffwechsel

In der Ernährungsphysiologie unterscheiden wir grundsätzlich nur zwei Stoffwechselrichtungen – und zwar den anabolen und den katabolen Stoffwechsel. Der katabole Stoffwechsel setzt Energie frei, während der anabole Energie benötigt.

Das Wort »anabol« bedeutet Aufbau und ist nicht mit der Einnahme unerlaubter Mittel gleichzusetzen.

Der katabole Stoffwechsel meint beispielsweise die »Verbrennung«, also den stufenweisen Abbau von Nahrungskohlenhydraten zu Energie. Wenn Sie trainieren, benötigen Sie die so gewonnene Energie, um eine Leistung erbringen zu können. Im Training überwiegt daher der katabole Stoffwechsel.

Der anabole Stoffwechsel dagegen bezeichnet den Aufbau von Körpereiweiß, z. B. Muskeln, aus den zugeführten Nahrungseiweißen. Dieser Prozess findet überwiegend in Ruhe statt, d. h. in der Erholungsphase nach dem Training und nicht im Studio, sowie nur dann, wenn genügend anabole Nährstoffe zugeführt werden.

Der Katabolismus (Abbau) dient hauptsächlich der Energiegewinnung, die unter anderem auch dafür benötigt wird, dass der anabole Stoffwechsel, d. h. der Aufbau von Körpersubstanz, überhaupt stattfinden kann. Um es mit anderen Worten zu sagen: Sie benötigen für den Aufbau von Körpereiweiß Energie, die der Organismus durch den

Abbau von Kohlenhydraten zur Verfügung stellt. Aus diesem Grund benötigen Sie für den Muskelaufbau Kohlenhydrate. Kohlenhydrate sind also auch für einen Kraftsportler unverzichtbar.

Wie oft wird jedoch das Trainingsprogramm auf Kosten des Protein-katabolismus (Eiweißabbau!) bestritten, weil zu wenig Kohlenhydrat-energie zur Verfügung steht und der Körper stattdessen Muskeleiweiß »verbrennt« (siehe BCAA, Seite 54ff.). Das Training geht dann im wahrsten Sinn des Wortes an die Substanz. Dieser unerwünschte Effekt lässt sich jedoch weitgehend vermeiden, wenn genügend Kohlenhydratener-gie zur Verfügung steht. Eine ausreichende Energieversor-gung in Form von Kohlenhydraten ist also längst nicht mehr nur Erfolgsnahrung für den Ausdauersportler, sondern auch Voraussetzung für den anabolen Erfolg (Muskelauf-bau) beim Krafttraining.

Kohlenhydrate sind das Muskelbenzin. Bei Kohlenhydrat-mangel können Kör-pereiweiße abgebaut werden. Eine ausrei-chende Kohlenhydrat-versorgung wirkt eiweißsparend.

Energietransformator Zelle

Der eigentliche Ort der Energiegewinnung ist die Zelle. Hier werden die energiereichen Nährstoffe Kohlenhydrate, Fette und Proteine mit und ohne Sauerstoff zu energieärmeren Stoffwechselendprodukten abgebaut. Die freigesetzte Energie fließt jedoch nicht direkt dem energieverbrauchenden Prozess zu, sondern wird zunächst in ener-giereichen Phosphatverbindungen gespeichert. Die beiden wichtigs-ten Phosphatverbindungen sind das Adenosintriphosphat (ATP) und das Creatinphosphat (CP).

Somit verfügt die Zelle bei allen Stoffwechselprozessen sowohl für den Basis- als auch für den Leistungsstoffwechsel (Grund- und Leis-tungsumsatz) über zwei Energieträger: Adenosintriphosphat liefert für alle energieverbrauchenden Prozesse direkt Energie. Creatinphos-phat dagegen füllt die erschöpften ATP-Speicher wieder auf. Die Zelle ist sozusagen ein Energietransformator, indem sie die chemische

Energie der Nährstoffe in biologisch verfügbare Energie in Form von ATP und CP umwandelt.

Die nachfolgend erläuterten Abbauvorgänge der Nährstoffe dienen ausschließlich dazu, ATP aufzubauen. Die Abbauvorgänge der Kohlenhydrate und der Fette stehen dabei quantitativ im Vordergrund und sollen aus diesem Grund genauer betrachtet werden. Die Eiweiße (Proteine) werden nur unter bestimmten Bedingungen zur Energiegewinnung herangezogen.

Energiegewinnung mit und ohne Sauerstoff

Der Abbau der Kohlenhydrate kann in unserem Körper unter der Verwertung von Sauerstoff erfolgen. Man bezeichnet diesen Vorgang dann als »aerobe Oxidation« oder auch als »aerobe Glykolyse«. Hierbei wird das Kohlenhydrat Glukose, das eine Schlüsselstellung im Stoffwechsel einnimmt, über mehrere Zwischenstufen zu Brenztraubensäure (Pyruvat) umgesetzt, die dann in den Mitochondrien unter Verwertung von Sauerstoff weiter abgebaut wird. Dieser Prozess liefert die größte Energiemenge.

Immer wenn schnell Energie bereitstehen muss – etwa beim Bankdrücken –, kommt es zur anaeroben Glykolyse.

Der Abbau von Glukose kann aber auch ohne Sauerstoff erfolgen, man bezeichnet diesen Vorgang als »anaerobe Oxidation« oder als »anaerobe Glykolyse«. Mit Hilfe der anaeroben Oxidation kann die Zelle auch dann Energie bereitstellen, wenn durch die aerobe Glykolyse allein nicht genügend Energie gewonnen werden kann. Auch bei der anaeroben Oxidation wird Glukose zu Brenztraubensäure abgebaut, die dann ohne die Verwertung von Sauerstoff in Milchsäure umgewandelt wird.

An dieser Stelle muss darauf hingewiesen werden, dass nicht das Sauerstoffangebot in der Zelle der begrenzende Faktor für die aerobe Glykolyse ist, sondern die Kapazität der Enzymsysteme, die diesen Reaktionsablauf steuern. Sind sie erschöpft, muss die anaerobe Oxidation den Energiebedarf decken.

Der schnelle Weg

Die anaerobe Glykolyse liefert zwar weniger ATP, doch der anaerobe Abbauweg läuft viel schneller ab, sodass pro Zeiteinheit letztlich mehr Energie freigesetzt wird. Könnte dieser Weg der Energiegewinnung ungehindert fortgesetzt werden, so wären die Glukosereserven in unserem Körper rasch verbraucht. Da sich aber das Endprodukt der anaeroben Glykolyse, die Milchsäure (Laktat), anreichert, kommt es zu einer Übersäuerung (Acidose) in der Zelle und im Blut. Unter solchen Bedingungen kann dann keine Energie mehr gewonnen werden.

Fettverbrennung verbraucht mehr Sauerstoff

Fettsäuren können nur unter Verwertung von Sauerstoff energieliefernd abgebaut werden. Man nennt diesen Vorgang »Beta-Oxidation«. Hierbei werden die langkettigen Fettsäuren zerlegt, und das dabei anfallende Zwischenprodukt, das so genannte Acetyl-Coenzym A, wird unter Verwendung von Sauerstoff weiter energieliefernd abgebaut. Dieser Weg der Energiegewinnung ist jedoch im Vergleich zur aeroben Glykolyse weniger ökonomisch, da die Fettsäureoxidation etwa zwölf Prozent mehr Sauerstoff verbraucht, um die gleiche Energiemenge zu produzieren. Während am Anfang der Belastung unser Körper die Energie daher vor allem aus den Kohlenhydraten bezieht, rückt bei lang andauernden Aktivitäten die Beta-Oxidation für die Energiegewinnung immer mehr in den Vordergrund, da die Fettspeicher die Kohlenhydratreserven bei weitem übersteigen.

Fettverbrennung erfolgt vor allem durch lang andauernde sportliche Aktivität, d. h., die Gesamtdauer der Bewegung ist entscheidend.

Zellkraftwerke Mitochondrien

Ein wesentlicher Ort der Energieproduktion in den Zellen sind die Mitochondrien. Dort finden alle Energiegewinnungsprozesse statt, bei denen Sauerstoff verwendet wird. Man bezeichnet die Mitochondrien deshalb häufig auch als Kraftwerke der Zellen. Das folgende Stoffwechselschema verdeutlicht, wie die Energieproduktion in den Muskeln abläuft. Zur Veranschaulichung ist der Körper mit einem Automotor verglichen worden.

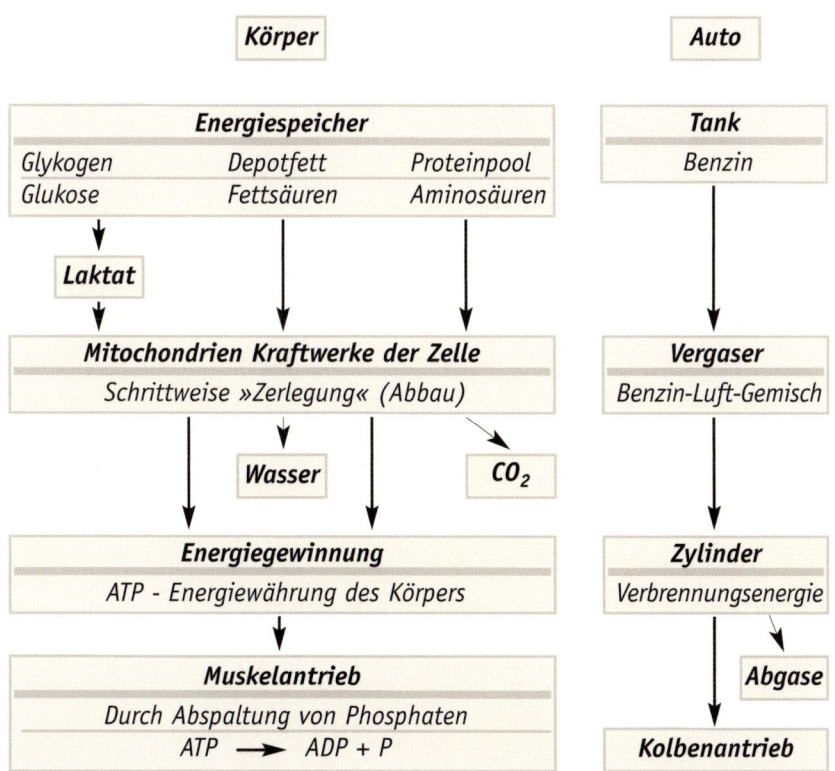

Warum wir trainieren (müssen)

Während in früheren Zeiten der Mensch durch schwere Arbeit nicht selten überfordert wurde, besteht heute eher die Gefahr einer Unterforderung. Die körperliche Beanspruchung bleibt häufig durch Inaktivität weitgehend unterhalb der Reizschwelle, die zur Leistungs- und Gesunderhaltung überschritten werden müsste. Die nachteiligen Auswirkungen der Bewegungsarmut werden durch Fehlernährung – vor allem durch zu viel Fett – noch weiter verschlechtert. Wir müssen also dafür sorgen, dass unser Körper ausreichend trainiert wird.

So wachsen die Muskeln

Im Zusammenhang mit dem Muskelwachstum muss der aus der Sportwissenschaft stammende Begriff »Superkompensation« eingeführt werden. Superkompensation bezeichnet die Fähigkeit des Körpers, nach ermüdenden Belastungen Schwachstellen zu überwinden, um so für die nächste Beanspruchung besser gewappnet zu sein. So ist das Muskelwachstum und der Kraftzuwachs eine biologische Anpassung, z. B. an ein Krafttraining. Das Training greift also als geordnete Störung in ein Gleichgewicht (Homöostase) ein, damit der Körper sich an einen höheren »Level« anpasst und es zu einer Anhebung des Leistungsniveaus kommt. Muskelwachstum setzt einen Trainingsreiz mit anschließender Erholung voraus.

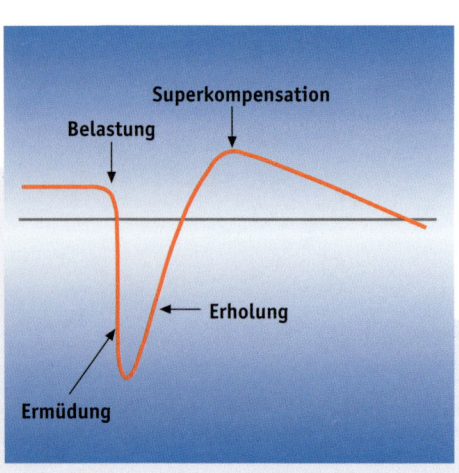

Der Schlüssel zum Erfolg liegt verständlicherweise in der richtigen Dosierung und im richtigen Timing von Belastung und Erholung – also in der richtigen Trainingsplanung. Es dürfte allerdings auch klar sein, dass Anfänger leichter Leistungssteigerungen verbuchen können als Fortgeschrittene, die sich alsbald an eine bestimmte Belastung gewöhnt haben. Daher gilt für jede Leistungsverbesserung das Prinzip der Belastungssteigerung. Und nur kontinuierliches Training bringt Erfolg. Jede (längere) Unterbrechung führt zwangsläufig zu einem Rückgang der Leistungsfähigkeit.

Ziele des Trainings

Training ist ein planmäßiger und kontrollierter Prozess zur Stabilisierung oder Optimierung des Leistungszustandes. Dabei können die Ziele – hier beim Krafttraining – ganz unterschiedlich sein: Man will die Muskelkraft erhalten oder den vorhandenen Zustand verändern.

Bei eher präventiven Zielen stehen der Erhalt und die Verbesserung der Leistungsfähigkeit sowie der Belastbarkeit des Stütz- und Bewegungsapparates im Vordergrund. Dadurch soll Haltungsschäden, Osteoporose sowie der Kraftabnahme im Alter vorgebeugt werden.

Zu den rehabilitativen Zielen zählt dagegen der Wiederaufbau der muskulären Leistungsfähigkeit nach operativen Eingriffen sowie nach beschwerde- und verletzungsbedingten Ruhepausen.

Im Leistungssport wiederum steht der für die jeweilige Sportart benötigte Kraftzuwachs bzw. Muskelwachstum im Vordergrund.

Die häufigste Trainingsmotivation im Fitnessbereich ist jedoch das Ziel der Körperformung. Der Sportwissenschaftler Theo Stemper (siehe Literaturverzeichnis) benennt die Ziele der Körperformung wie folgt:

- Aufbau von Muskelmasse (Bodybuilding)
- Profilierung und Gewebestraffung (Bodystyling, Bodyshaping)
- Verringerung des Körperfettanteils
- Gewichtsreduktion, vorwiegend durch Abbau von Fettgewebe
- Bei Untergewicht Steigerung des Gewichts durch Muskelzuwachs
- Steigerung des Selbstbewusstseins und Selbstwertgefühls
- Entwicklung und Verbesserung von Körperbewusstsein und Körperwahrnehmung

Ernährung – du bist, was du isst

Dieses Kapitel gibt Empfehlungen zur vollwertigen Ernährung. Jeder sollte versuchen, sie nach seinen persönlichen Möglichkeiten umzusetzen. Das Ziel ist eine möglichst ausgewogene Basisernährung. **Wem dies allerdings nicht gelingt, der sollte Ernährungsdefizite durch Nahrungsergänzungen ausgleichen.**

Was ist eigentlich gesunde Ernährung?

Wie sieht die Praxis aus? Bevor Sie über spezielles Musclefood und die nahrungsergänzende Zufuhr bestimmter ergogener Substanzen (das sind Stoffe, die bei verschiedenen Belastungsformen leistungsfördernd wirken können) nachdenken, sollten Sie zunächst die theoretischen Grundlagen der gesunden Ernährung kennen und berücksichtigen.

Denn eine ausgewogene Basisernährung ist wichtig für Fitness und Wohlbefinden und die Grundlage eines jeden sportlichen Erfolges. Sich gesund und zugleich schmackhaft zu ernähren ist im Grunde ganz einfach – Abwechslung und das richtige Maß sind gefragt. Außerdem muss die Nahrung bedarfsangepasst und vollwertig sein.

Abwechslung bei der Lebensmittelauswahl ist wichtig, um einem Nährstoffmangel vorzubeugen.

Wer körperlich arbeitet oder Sport treibt, braucht eine andere Ernährung als Menschen, die nur am Schreibtisch sitzen. Ob die Energieaufnahme dem Bedarf angepasst ist, lässt sich leicht am Körpergewicht ablesen. Stimmt die Energiebilanz nicht, kommt es entweder zur Gewichtszu- oder -abnahme.

Vollwertige Ernährung bedeutet eine lückenlose Versorgung mit allen lebensnotwendigen Nährstoffen vom Vitamin A bis zum Spurenelement Zink. Außerdem liefert sie dem Körper Wasser und gesundheitsfördernde Ballaststoffe.

Was Sie über Nährstoffe wissen müssen

Mit der Nahrung nehmen wir verschiedene Substanzen auf, die
- dem Körper Energie liefern,
- als Baustoffe im Wachstum und zur Erhaltung von Körpersubstanz dienen,
- wichtige Abläufe im Energie- und Baustoffwechsel regeln und
- unsere Gesundheit schützen.

Leichte Energie aus Kohlenhydraten

Kohlenhydrate sind der wichtigste Energiespender für unseren Körper. Bei Figurbewuss-
ten waren kohlenhydratreiche Lebensmittel wie
(Vollkorn-)Brot, Kartoffeln, Reis und Nudeln
lange Zeit als Dickmacher verschrien, heute
gelten sie neben Gemüse und Obst als optimale Fitnesskost.

In jedem Fall sollten 55 bis 60 Prozent der täglichen Energiezufuhr in Form von Nahrungskohlenhydraten bereitgestellt werden (das entspricht etwa 5 bis 6 g Kohlenhydrate pro kg
Körpergewicht). In der Praxis decken die meisten von uns ihren Energiebedarf aber nur zu
etwa 45 Prozent mit Kohlenhydraten, die restliche Ener- *Energie sollte dem*
giemenge stammt größtenteils aus Fett. Neben der Quan- *Körper vor allem in*
tität muss natürlich auch die Qualität stimmen. Vollkorn- *Form von Kohlenhydra-*
produkte, Kartoffeln, Gemüse und Früchte sollten wegen *ten zugeführt werden.*
ihres Ballaststoffgehalts und ihrer hohen Dichte an Vita-
minen und Mineralstoffen im Vordergrund stehen. Besonders günstig
ist es, kohlenhydrathaltige Lebensmittel zu essen, deren blutzucker-
steigernde Wirkung – gemessen als so genannter glykämischer Index
– gering ist. Gut sind hier vor allem Gemüse, Hülsenfrüchte, grob-
körnige Vollkornprodukte, Hartweizennudeln und fruchtzuckerreiche
Obstsorten, wie z. B. Äpfel. Der Verzehr von Zucker, Süßigkeiten und
zuckerreichen Getränken sollte dagegen wegen des geringen Gehalts
an Vitaminen und Mineralstoffen eingeschränkt werden.

Fett – konzentrierte Energie

Fette sind neben den Kohlenhydraten unsere zweitwichtigste Energiequelle. Zudem sind sie Träger der fettlöslichen Vitamine A, D und E

sowie der lebensnotwendigen mehrfach ungesättigten Fettsäuren. Fette sind in pflanzlichen und tierischen Lebensmitteln sichtbar (Butter, Öl, Speck) oder verborgen (Nüsse, Käse, Wurst) enthalten.

Da Fette sehr energiedicht sind und überschüssiges Fett in den Depots gespeichert wird, belastet eine zu fette Ernährung die Gesundheit. Die Kontrolle der täglichen Gesamtfettaufnahme ist daher ein wichtiges Ernährungsziel. Nicht mehr als 25 bis maximal 30 Prozent der aufgenommenen Energie sollten aus Fett stammen (entspricht etwa 1 g Fett pro kg Normalgewicht). In der Praxis sind es im Schnitt aber leider 35 bis 40 Prozent.

Achtung: 1 g Fett enthält 9 kcal, d. h. mehr als doppelt so viel Energie wie Eiweiß und Kohlenhydrate (jeweils 4 kcal pro Gramm).

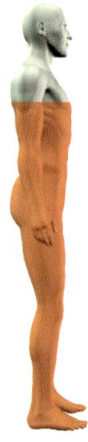

Der Mensch besteht zu 75 Prozent i. Tr. aus Eiweiß. Es ist eine wichtige Bausubstanz für Muskeln, Enzyme, Knorpel, Haut, Haare und Fingernägel.

Eiweiß – der Körperbaustoff

Eiweiß (Protein) ist der wichtigste Baustoff des menschlichen Körpers. Man bezeichnet Eiweiß deshalb auch als Lebensbaustein. Für die Energiegewinnung spielt es eine untergeordnete Rolle. Nur etwa zehn bis zwölf Prozent des Gesamtenergiebedarfs werden in Form von Eiweiß gedeckt. Proteine sind große Moleküle, die wiederum aus kleineren Bausteinen, den so genannten Aminosäuren, zusammengesetzt sind. Die meisten dieser Aminosäuren (nicht essenzielle Aminosäuren) können vom Körper selbst hergestellt werden. Acht Aminosäuren sind essenziell, also lebensnotwendig (L-Lysin, L-Isoleucin, L-Leucin, L-Methionin, L-Theronin, L-Valin, L-Tryptophan, L-Phenylalanin). Da der Körper sie nicht selbst aufbauen kann, müssen sie mit der Nahrung aufgenommen werden. Die so genannten semi-essenziellen Aminosäuren (L-Glutamin, L-Arginin und L-Histidin) können unter bestimmten Umständen – wie z. B. bei sportlicher Anstrengung, Stress oder Krankheit – essenziell werden.

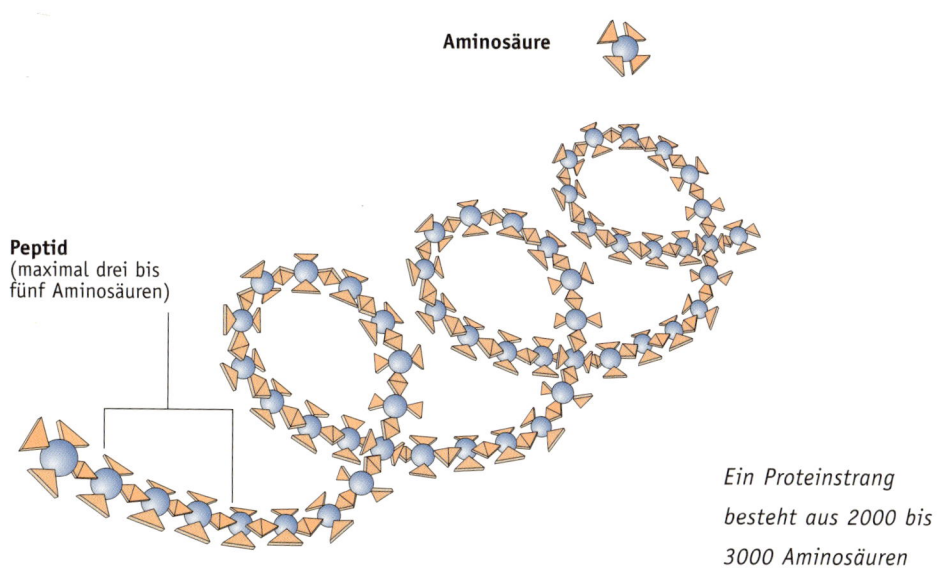

Aminosäure

Peptid
(maximal drei bis
fünf Aminosäuren)

Ein Proteinstrang
besteht aus 2000 bis
3000 Aminosäuren

Nahrungseiweiß wird durch Verdauungsenzyme in Aminosäuren zerlegt, die dann als Bausubstanzen für körpereigene Eiweißstrukturen
verwendet werden.
Die Empfehlung von etwa 0,8 g Eiweiß pro kg Körpergewicht – das
entspricht in etwa 10 bis 15 Prozent der täglichen Kalorien – gilt für
Erwachsene mit leichter beruflicher Tätigkeit.
Über die ausreichende Eiweißzufuhr für Kraftsportler gibt es immer
wieder Diskussionsbedarf. Bodybuilder neigen besonders in der Aufbauphase dazu, die Eiweißzufuhr zu erhöhen, damit so viel Muskelmasse wie möglich aufgebaut werden kann. Mittlerweile werden aber
auch für den Freizeitbodybuilder nicht mehr so riesige Mengen (bis
zu 4 g) wie früher empfohlen. Lemon (siehe Literaturverzeichnis)
empfiehlt für Kraftsportler 1,4 bis 1,8 g Eiweiß pro kg Körpergewicht
und für Ausdauerathleten 1,2 bis 1,4 g Eiweiß pro kg Körpergewicht
am Tag. Diese Menge scheint nach Rückmeldungen aus der Praxis
angemessen.

Den täglichen Eiweißbedarf zu decken ist nicht schwer. Man muss nur darauf achten, dass man nicht zu viel tierisches Eiweiß (Milch, Käse, Ei, Fleisch und Fisch) aufnimmt, da dieses häufig reich an Fett und Cholesterin ist. Proteinkonzentrate sind dagegen eine hochwertige, fettarme Proteinquelle.

Wer sportlich aktiv ist und mehr Eiweiß zu sich nimmt, muss dem Körper ausreichend Flüssigkeit zuführen. Nur so kann der »Muskelpump« als Zeichen eines guten Trainings erreicht werden.

Wasser – das Lebenselixier

Eigentlich ist Wasser unser wichtigster Nährstoff. Denn ohne Wasser läuft nichts in unserem Stoffwechselbetrieb. Wasser ist Hauptbestandteil des menschlichen Körpers. Der Wassergehalt beträgt je nach Lebensalter zwischen 70 und 50 Prozent des jeweiligen Körpergewichts (mit zunehmendem Lebensalter und Fettanteil abnehmend).

Je höher die Stoffwechselleistung einer Zelle, desto höher ist auch ihr Wasserbedarf. Denn Wasser ist Lösungs- und

Transportmittel für Nährstoffe, Sauerstoff und Stoffwechselendprodukte und außerdem dient der Temperaturregulation, wenn wir schwitzen. Der tägliche Wasserbedarf eines Erwachsenen beträgt etwa 2,5 Liter. Richtig trinken (über den Tag verteilt) fördert das Wohlbefinden und ist wichtig für die gesunde Herz-Kreislauf-, Nieren- und Darmfunktion. Ein Flüssigkeitsverlust von nur drei Prozent bedeuten bis zu zehn Prozent Leistungsminderung. Denn jeder Stoffwechselvorgang läuft im wässrigen Milieu ab. Wasser, Früchtetees und mit Mineralwasser gemischte Fruchtsäfte sind ebenso wie Fitnessgetränke gute Durstlöscher. Sportlich Aktive können über das normale Maß hinaus pro Stunde einen **zusätzlichen** Wasserbedarf von 1 bis 1,5 Liter haben!

Mineralstoffe – Hochleistungselemente

Mineralstoff- und Wasserhaushalt sind untrennbar miteinander verbunden, denn die Mineralstoffe Natrium und Kalium sind an der Regulation des Wasserhaushalts beteiligt. Wasser ist wiederum für die Verwertung, d. h. die Lösung, die Aufnahme, den Transport und die Ausscheidung der zugeführten Mineralsalze notwendig. Und wenn wir schwitzen, verliert der Körper nicht nur »reines« Wasser, sondern ebenfalls die darin gelösten Mineralstoffe.

Mineralstoffe sind Hochleistungselemente und müssen wie Wasserverlust beim Schwitzen ersetzt werden.

Wir unterteilen die Mineralstoffe in Mengen- und Spurenelemente. Die Mengenelemente – Kalzium, Phosphat, Magnesium, Kalium, Natrium und Chlorid – sowie die Spurenelemente, wie Eisen, Jod und Zink, sind lebensnotwendige Nährstoffe und in einer abwechslungsreichen Mischkost enthalten. Kalzium – aus Milch und Milchprodukten – ist Baustein von Knochen und Zähnen. Magnesium aus Vollkornerzeugnissen, Kartoffeln und Gemüse ist wichtig für den Energiestoffwechsel und die Muskelfunktion. Eisen spielt eine zentrale Rolle beim Sauerstofftransport im Blut. Gute Eisenquellen sind

Die Grafik verdeutlicht die Bedeutung der verschiedenen Nährstoffe für unseren Stoffwechsel.

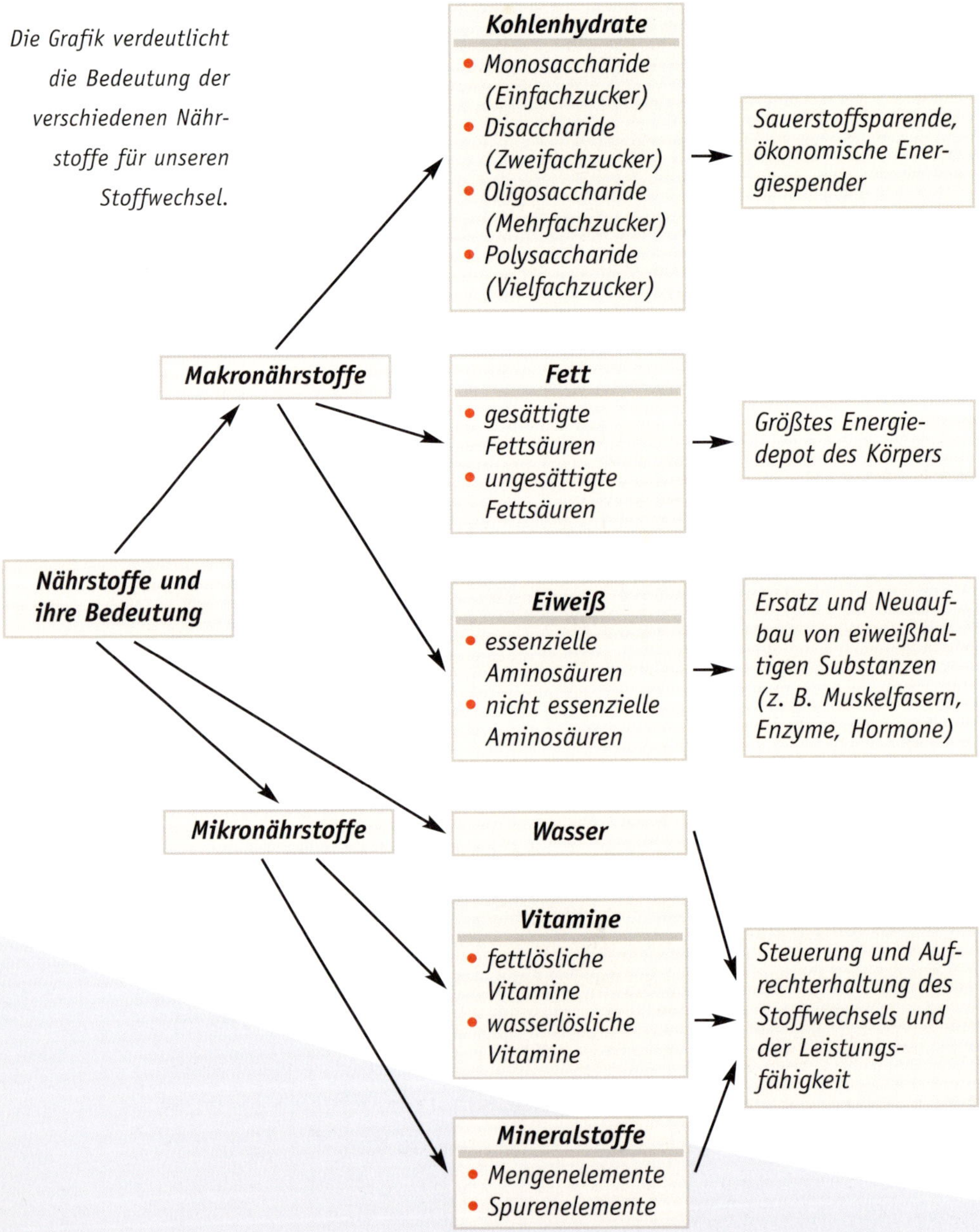

Nährstoffe und ihre Bedeutung

Makronährstoffe

Mikronährstoffe

Kohlenhydrate
- Monosaccharide (Einfachzucker)
- Disaccharide (Zweifachzucker)
- Oligosaccharide (Mehrfachzucker)
- Polysaccharide (Vielfachzucker)

Sauerstoffsparende, ökonomische Energiespender

Fett
- gesättigte Fettsäuren
- ungesättigte Fettsäuren

Größtes Energiedepot des Körpers

Eiweiß
- essenzielle Aminosäuren
- nicht essenzielle Aminosäuren

Ersatz und Neuaufbau von eiweißhaltigen Substanzen (z. B. Muskelfasern, Enzyme, Hormone)

Wasser

Vitamine
- fettlösliche Vitamine
- wasserlösliche Vitamine

Steuerung und Aufrechterhaltung des Stoffwechsels und der Leistungsfähigkeit

Mineralstoffe
- Mengenelemente
- Spurenelemente

Fleisch, Gemüse, Hülsenfrüchte und Leber. Jod – aus Seefisch und jodiertem Speisesalz – ist für eine gesunde Schilddrüsenfunktion unverzichtbar – ein Jodmangel führt zur Kropfbildung. Zink ist wichtig für ein abwehrstarkes Immunsystem und den Eiweißstoffwechsel.

Vitamine – Schutz- und Reglerstoffe

Vitamine sind Schutzstoffe für unsere Gesundheit. Wir kennen heute 13 verschiedene Vitamine. Am bekanntesten ist das Vitamin C. In unserer Nahrung darf aber keiner dieser lebensnotwendigen Stoffe fehlen, denn Vitamine steuern als Bestandteile von Enzymen wichtige Abläufe im Stoffwechselgeschehen und schützen vor Mangelkrankheiten.

Essen Sie jeden Tag fünf Portionen Obst und Gemüse (insgesamt 800 bis 1000 g)?

Vitamine sind in pflanzlichen und tierischen Lebensmitteln enthalten. Abwechslungsreich zusammengestellte Nahrung, nährstoffschonend zubereitet, ist die beste Grundlage für eine bedarfsgerechte Vitaminversorgung. Die Praxis sieht aber anders aus: Aus Zeitmangel und Bequemlichkeit ernähren sich viele Sportler nicht abwechslungsreich genug. Durch falsche Lagerung und Umwelteinflüsse enthalten die verzehrten Lebensmittel nur noch wenig Mikronährstoffe.

Gesunder Geschmack

Neben Nährstoffen, Wasser, Mineralstoffen und Vitaminen enthält unsere Nahrung eine Fülle so genannter sekundärer Pflanzenstoffe (SPS), zu denen die natürlichen Farb- und Aromastoffe in Obst, Gemüse, Kräutern und Gewürzen zählen. Diese für den Genusswert der Nahrung zuständigen Substanzen sind zugleich wichtige Gesundheitsförderer, die das Immunsystem und die Zellen vor aggressiven Sauerstoffverbindungen (Freie Radikale) schützen. Für eine optimale Versorgung mit sekundären Pflanzenstoffen sollten Sie nach den Ampelfarben grüne, gelbe und rote Gemüse und Früchte essen – am besten fünfmal täglich!

Vollwertige Ernährung – die Mischung macht's

Bedarfsangepasste und vollwertige Ernährung ist eine Frage der richtigen Lebensmittelwahl und Nahrungsmittelzusammenstellung. Wir essen ja nicht isoliert Vitamin A, Cholesterin, gesättigtes Fett und Magnesium, sondern Lebensmittel, die diese Nahrungsfaktoren als Inhaltsstoffe enthalten. Kein einzelnes Lebensmittel kann alle benötigten Nährstoffe bereitstellen. Es gibt aber auch kein Lebensmittel, das allein gesund oder krank macht. Der Schlüssel zur persönlich richtigen Ernährung liegt daher immer in der geeigneten Menge und Kombination.

Auch für alle sportlich aktiven Menschen bilden die Lebensmittelempfehlungen der so genannten Ernährungspyramide eine solide Basis für Gesundheit, Wohlbefinden und Leistungsfähigkeit. Das sich nach oben verjüngende Bild der Pyramide macht deutlich, wo wir den Schwerpunkt bei der Lebensmittelauswahl setzen sollten: Das breite Fundament stellen Kohlenhydratspender wie Getreideprodukte und Kartoffeln dar, gefolgt von den beiden großen Segmenten Obst und Gemüse, wovon wir täglich immerhin fünf Portionen genießen sollten – so lautet zumindest der Expertenrat.

Die Pyramide zeigt, wie die Lebensmittelauswahl aussehen soll (Theorie). In der Praxis wird sie aber meist »auf den Kopf gestellt«: **Wir essen zu viel, zu fett und zu süß.**

Öle, Fette, Alkohol und Süßes

Fleisch, Fisch, Eier, Milch, Milchprodukte und Nüsse

Obst und Gemüse

Brot, Getreide, Reis und Nudeln

Dann folgen die tierischen Proteinträger, d. h. zwei Gruppen jeweils aus Milch und Milchprodukten sowie aus Fleisch, Fisch und Ei bestehend. Sportler, die sich vegetarisch ernähren, können Fleisch durch ebenfalls eiweißreiche Hülsenfrüchte austauschen. An der Spitze stehen schließlich die Dinge, die wir nur in kleinen Mengen verzehren oder gelegentlich genießen dürfen: Speisefette, Süßigkeiten und alkoholische Getränke. **Hand aufs Herz: Ernähren Sie sich so?**

Vitamin- und mineralstoffreich essen und trinken

Die folgenden Empfehlungen aus der Vollwertküche sollen Ihnen bei der Verwirklichung einer ausgewogenen vitamin- und mineralstoffreichen Basisernährung helfen:

- *Bevorzugen Sie frische, möglichst wenig verarbeitete Lebensmittel.*
- *Tiefgekühlte Lebensmittel bieten »Frische auf Vorrat«.*
- *Seien Sie sorgfältig bei der Lagerung und Zubereitung der Lebensmittel. Kürzere Garzeiten und weniger Wasser, z. B. Dünsten, erhalten Vitamine, Mineralstoffe und den Geschmack.*
- *Genießen Sie Obst und Gemüse der Jahreszeit. Produkte der Saison, die natürlich gereift geerntet werden, sind wohlschmeckend und nährstoffreich. Freilandgemüse und Salat sind im Vergleich zum Unterglasanbau (Treibhausware) weniger mit Nitrat belastet. Greifen Sie im Winter vermehrt zu Kartoffeln, Sauerkraut, Chicorée, Brokkoli, Rosenkohl, Zucchini, Paprika und Auberginen.*
- *Zur Vitamin- und Mineralstoffaufwertung von Speisen sind frische oder tiefgefrorene Küchenkräuter und selbst gezogene Sprossen (Keimlinge) empfehlenswert.*
- *Trinken Sie hochwertige Obst- und Gemüsesäfte.*
- *Kaufen Sie frische Produkte, also Brot, Kartoffeln, Gemüse, Obst, Fisch, Fleisch, Eier, Milch und Milchprodukte, möglichst nur im Fachgeschäft und auf dem Wochenmarkt oder beim Erzeuger.*

Brauchen wir Nahrungsergänzungen?

Wir raten Ihnen selbstverständlich, sich bei der täglichen Ernährung so weit wie möglich an den oben genannten Empfehlungen der Lebensmittelpyramide zu orientieren. Eine Nahrungsmittelauswahl nach den oben genannten Prinzipien (mindestens 50 Prozent der täglichen Kalorien aus Kohlenhydraten, maximal 30 Prozent aus Fett und 15 bis 20 Prozent aus Eiweiß) sorgt normalerweise auch für eine ausreichende Versorgung mit allen benötigten essenziellen Mikronährstoffen. Im Allgemeinen ist es mit etwas gutem Willen also möglich, die von verschiedenen Ernährungsorganisationen aufgestellten Nährstoffzufuhr-Empfehlungen zu erreichen. Doch der Teufel steckt bekanntlich im Detail.

So sieht die Praxis aus

Oft ist ein Nährstoffmangel schon vorprogrammiert. Denn viele Alltagsgegebenheiten stehen der Umsetzung einer ausgewogenen und vollwertigen Ernährung nach den Nährstoffzufuhr-Empfehlungen entgegen. Oft fehlt die Zeit zum Einkaufen und Kochen, frisches Obst und Gemüse haben durch ungünstige und zu lange Lagerung wertvolle Inhaltsstoffe verloren, oder die falsche Zubereitung mindert den Nährwert. Einseitige Ernährung mit Fast Food, allzu strenge und häufig durchgeführte Schlankheitsdiäten sowie extreme alternative Kostformen können ebenfalls zu Vitamin- und Mineralstoffmangel führen.

Zum Teil sind Nährstoffdefizite eindeutig hausgemacht. Man will in erster Linie Sport treiben und sich nicht groß um den Einkauf und die Zubereitung von Speisen kümmern.

Die Folgen von Nährstoffmangel bei Sportlern

Während bei »normaler« Beanspruchung eine leicht unter den Empfehlungen (Referenzwerte) liegende Nährstoffzufuhr nicht zwangsläufig zu Mangelfolgen führen muss, kann sich bei Sportlern mit zunehmendem Leistungsanspruch

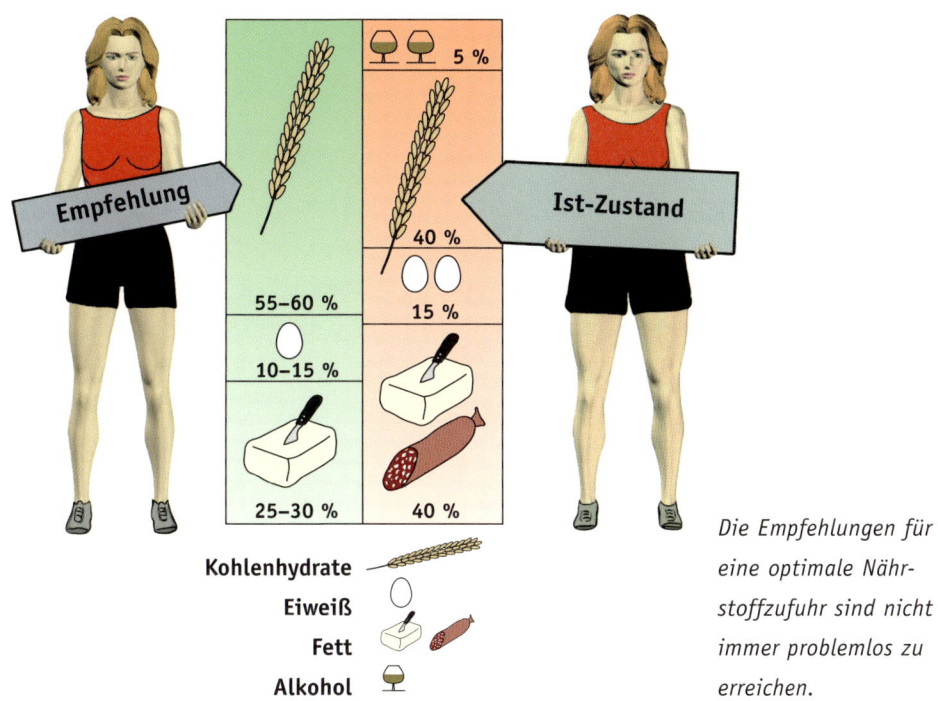

Empfehlung

Ist-Zustand

5 %

40 %

55–60 %

15 %

10–15 %

25–30 %

40 %

Kohlenhydrate
Eiweiß
Fett
Alkohol

Die Empfehlungen für eine optimale Nährstoffzufuhr sind nicht immer problemlos zu erreichen.

ein Defizit umso schneller nachteilig auswirken. Je höher das jeweilige Leistungsniveau ist, und je weiter die Leistungsziele gesteckt sind, desto gewissenhafter sollte die Ernährung des Sportlers geplant sein. Denn schon geringe Fehler in der Ernährung können sehr große Auswirkungen auf die Trainings- und Wettkampfleistung haben und so die Erfolgsaussichten eines harten Trainings deutlich schmälern. Gerade Sportler, die Höchstleistungen erbringen müssen, reagieren nämlich auf Nährstoffdefizite und Mangelsituationen wesentlich empfindlicher als Nichtaktive. Häufige Folgen eines solchen Nährstoffmangels sind Muskelverkrampfungen, verzögerte Regeneration, deutlicher Leistungsabfall, ausbleibender Trainingserfolg und verstärkte Infektanfälligkeit.

Wer profitiert von Nahrungsergänzungen?

Oft hat man den Eindruck, dass diejenigen, die sich am wenigsten Gedanken über ihre Ernährung machen, am häufigsten auf Nahrungsergänzungen zurückgreifen bzw. am meisten davon profitieren würden. Tatsächlich kann man aber nicht von einer generellen »Kaschierungs-Taktik« in der Bevölkerung sprechen. Im Gegenteil, vor allem Gesundheitsbewusste oder Personen, die ihren Gesundheitszustand als nicht zufriedenstellend betrachten, nehmen Nahrungsergänzungsmittel ein. In der Wissenschaft ist man sich einig, dass der gezielte Einsatz von Nahrungsergänzungen bei so genannten Risikogruppen sinnvoll ist. Zu

Egal ob Profi- oder Freizeitsportler: Wer an seine persönliche Leistungsgrenze geht, kann sich Nährstoffdefizite nicht erlauben!

diesen zählen beispielsweise Personen, die über längere Zeit eine Reduktionsdiät machen, die bestimmte Magen- und Darmerkrankungen oder einen erhöhten Nährstoffbedarf haben (z. B. Schwangere oder Stillende) sowie Senioren und alle, die Probleme mit der Verwirklichung einer vollwertigen Kost haben und sich einseitig ernähren.

Auch für Sportler sind Nahrungsergänzungen sinnvoll, z. B.

bei extremen Ausdauerbelastungen – etwa bei Straßenradrennen mit Energieumsätzen von bis zu 10 000 kcal pro Tag (z. B. Tour de France). Selbst Kraftsportanfänger benötigen in der Muskelaufbauphase täglich mindestens 4000 kcal in optimaler Zusammensetzung. Mit normaler Ernährung ist dies fast unmöglich. Bei einem so hohen Energieumsatz stellt das damit verbundene größere Nahrungsvolumen einen begrenzenden Faktor dar. Der Mehrbedarf an Energie muss situationsgerecht dadurch gedeckt werden, dass ein Teil der kohlenhydratreichen Lebensmittel durch Kohlenhydratkonzentrate substituiert (ersetzt bzw. ausgetauscht) wird.

Sportler, die ein niedriges Körpergewicht halten müssen (z. B. Kunst-
turnerinnen und Skispringer), können dagegen in ihrer kalorisch knapp
kalkulierten Kost oft nicht die nötigen Vitamin- und Mineralstoffmen-
gen unterbringen. Wenn im Sport weniger als 2000 kcal – bei Diäten
ohne Sport weniger als 1500 kcal – gegessen werden, ist eine sichere
Versorgung mit allen Mikronährstoffen kaum mehr möglich. Hier muss
ausgeglichen werden, denn ein Energie- und Nährstoffdefizit wäre mit
Hoch- und Höchstleistungen nicht vereinbar. Ähnliche Überlegungen
gelten für den Wettkampfbodybuilder, der sich im Training und in der
Definitionsphase nicht unnötig mit schwerer Kost belasten möchte
und deshalb gezielt auf Nährstoffkonzentrate zurückgreift.

Nahrungsergänzungen – mehr als nur Convenience

Convenience bedeutet bequem bzw. vereinfacht. Man denkt bei dem
Begriff zunächst an die große Palette von Fertiggerichten, die zum Teil
nur noch in der Mikrowelle erwärmt werden müssen. Diese Art von
Convenience ist hier jedoch nicht gemeint. Es geht vielmehr darum,
die Zufuhr an lebenswichtigen Nährstoffen zu erleichtern. So lässt sich
die für die meisten von uns nicht einfache Umsetzung der
Empfehlung, täglich fünf Portionen Gemüse und Obst zu
essen, durchaus erleichtern, indem wir eine Portion davon
in Form eines hochwertigen Saftes genießen. Ein anderes
Beispiel sind Berufstätige mit leichter Körperarbeit – also
überwiegend sitzender Tätigkeit im Büro. Diese würden von
einem fettarmen, proteinbetonten Nährstoffshake, der zu-

*Eine Substitution soll
z. B. den Mehrbedarf
decken, der durch
einen erhöhten Ener-
gieumsatz entsteht.*

dem noch mit Vitaminen und Mineralstoffen angereichert ist, sicherlich
mehr profitieren als von einem fettreichen und lange warmgehaltenen
Essen in der Gaststätte oder einem entsprechenden Kantinenangebot.
Ähnliche Überlegungen gelten für die Pausen- und Zwischendurch-
verpflegung. Da ist ein fettarmer Energie- oder Proteinriegel allemal
besser als Schokolade, Gebäck, Pommes frites oder Currywurst.

Bei Sportlern kommt es häufig auch zum so genannten Zeit-Mengen-Problem. Das bedeutet, dass der hohe Energie- und Nährstoffbedarf einerseits und die langen Trainingszeiten bzw. die spezifischen Wettkampfbedingungen andererseits gerade im Leistungssport eine ausgeklügelte Ernährungsstrategie erfordern, die auch die Verweildauer von Speisen im Magen und die persönliche Verträglichkeit berücksichtigen muss. Genauso wie ein voller Bauch nur ungerne studiert, trainiert er auch nicht gern. Um dies zu vermeiden, können hochwertige und leicht verdauliche Nahrungsergänzungen gewohnte Mahlzeiten sinnvoll ersetzen.

Man sollte aber niemals aus reiner Bequemlichkeit zu Nahrungsergänzungen greifen. Ein gutes Beispiel sind hier die so *Versuchen Sie sich so* beliebten Vitamintabletten, die dem Körper zwar bestimm- *gut wie möglich aus-* te Vitamine zuführen, aber niemals den Verzehr von vita- *gewogen zu ernähren,* minreichen Lebensmitteln ersetzen können. Vitamine in *und decken Sie* Lebensmitteln sind nämlich von vielen anderen Nährstof- *Nahrungsdefizite* fen und Begleitstoffen umgeben, die wir brauchen, um *mit Nahrungs-* gesund zu bleiben. Beim Gemüse und Obst machen *ergänzungen ab.* bekanntlich auch die Ballaststoffe, der Gehalt an Kalium und Magnesium, natürliche Pflanzenfarb- und Aromastoffe den gesundheitlichen Wert aus. Die Bezeichnung »Nahrungsergänzung« macht also den Stellenwert von Vitaminpräparaten in einer ausgewogenen Ernährung deutlich. Schließlich können auch Fehler in der Verteilung der Hauptnährstoffe (zu viel Fett, zu wenig Kohlenhydrate) nicht durch zusätzliche Gaben von Vitaminen und Mineralstoffen wettgemacht werden.

Das Fazit lautet also: Nahrungsergänzungen dürfen kein Alibi für ein fehlendes Bemühen um eine insgesamt vollwertige Ernährung sein. Wer es allerdings partout nicht schafft, sich vollwertig zu ernähren, wählt mit einer guten Nahrungsergänzung in jedem Fall die zweitbeste Lösung.

Leistungssteigerung durch Nahrungsergänzungen?

Nahrungsergänzungen spielen aber nicht nur eine Rolle, wenn es darum geht, Mangelzustände zu vermeiden. Es stellt sich nämlich auch die Frage, ob bestimmte Wirkstoffe (z. B. Creatin, siehe Seite 68ff.) – obwohl kein Mangel vorliegt – in höherer (optimaler) Dosierung positive Stoffwechseleffekte auf Leistungssteigerung, Regeneration und Muskelaufbau bewirken.

Das spricht für eine Nahrungsergänzung

Diese Aufstellung fasst den Nutzen der Nahrungsergänzung zusammen:

- *Die Ernährung lässt sich gezielt mit einem Nährstoff oder mehreren spezifischen Nährstoffen anreichern. Die Auswahl des Nährstoffs richtet sich nach der Sportart und der jeweiligen Trainingsphase.*
- *Nahrungsergänzungen können Bedarfsspitzen im Sinne der bereits beschriebenen Substitution ohne zusätzliche Nahrungszufuhr decken.*
- *Sie können als Mahlzeitenersatz bei extrem hohem Energieumsatz, verbunden mit Zeitmangel und rasch folgenden Trainings- und Wettkampfeinsätzen, dienen.*
- *Die Nährstoffdichte wird erhöht, ohne dass sich das Nahrungsvolumen vergrößert. Wer seine körperliche und sportliche Leistung verbessern will, sollte Nahrungsergänzungen nutzen.*
- *Proteinkonzentrate enthalten kaum stoffwechselbelastende Substanzen, wie gesättigte Fettsäuren, Cholesterin und harnsäurebildende Purine, die in vielen eiweißreichen Lebensmitteln vorkommen. Sie können als Ersatz einzelner fetthaltiger Mahlzeiten verzehrt werden.*
- *Nahrungsergänzungsprodukte sind praktisch und vielseitig einsetzbar.*
- *Sie ergänzen die Kost, wenn der Sportler die Qualität und Zusammensetzung der Nahrung, vor allem auf Reisen oder bei Gemeinschaftsverpflegung in anderen Ländern, nicht sicher beurteilen kann.*
- *Sie sichern auf einfache Weise die Nährstoffversorgung.*

Trends in der Sporternährung

Immer wieder versuchen Bodybuilder mit ausgeklügelten Ernährungsplänen und einer bewussten Zusammenstellung von Nährstoffen ihr Aussehen zu verbessern. Ihr Ziel ist es, Muskeln aufzubauen und gleichzeitig Fett abzubauen. In den Neunzigerjahren waren Kohlenhydrate »in«, jetzt scheinen sie wieder zu Fettmachern deklariert zu werden. Die neue These lautet: Durch den Verzehr von Kohlenhydraten kommt es zur Insulinausschüttung und damit automatisch auch zur Körperfettspeicherung.

Die beiden im Folgenden beschriebenen Diäten stellen quasi die neuesten Trends in der Sporternährung dar.

Kohlenhydratarme Diät

Gibt es die ideale Nährstoffrelation für alle (Sportler)? An der Höhe der Kohlenhydratzufuhr scheiden sich Kohlenhydratbefürworter und Kohlenhydratgegner. Mittlerweile gibt es viele positive Berichte in Fachzeitschriften, in Internetchatrooms und Publikationen zur kohlenhydratarmen Ernährung. Im Gegensatz zur allgemeinen Kohlenhydratbevorzugung in der Kost von Ausdauersportlern ernährten sich bereits viele Spitzenbodybuilder (u. a. auch Arnold Schwarzenegger) der Sechziger- und Siebzigerjahre im Rahmen der Vorbereitung auf einen Wettkampf kohlenhydratarm. Diese Kohlenhydrateinschränkung, mit dem Ziel einer verbesserten Definition, gewinnt heute wieder an Bedeutung, vor allem unter der Berücksichtigung unterschiedlicher Körperbau- und Stoffwechseltypologien sowie differierender Trainingsgestaltung. Während in den Achtziger- und Neunzigerjahren Kohlenhydrate als das »Nonplusultra« in der Sportlerernährung gepriesen wurden, machte einige Jahre nach der kohlenhydratreichen und sehr populären Haas-Diät (»Eat to win«) die koh-

In Sportlerkreisen stellt sich immer wieder die Frage: Sind Kohlenhydrate Dick- oder Fitmacher?

lenhydrateingeschränkte und proteinreiche »Zonendiät« (erstmals 1995 publiziert) von sich reden.

Im Gegensatz zur allgemein empfohlenen anteiligen Energiebereitstellung von 55 bis 60 Prozent Kohlenhydrate, 25 bis 30 Prozent Fett und 10 bis 15 Prozent Protein schlägt der Amerikaner Barry Sears in seinem Buch »Enter the Zone« eine andere Nährstoffrelation vor, die auch für Leistungssportler Vorteile bieten soll. Populärwissenschaftlich wird dieses Konzept gemäß dem amerikanischen Buchtitel »Zonendiät« oder auch »40-30-30-Diät« genannt, womit 40 Prozent Kohlenhydrate und

jeweils 30 Prozent Proteine und Fette gemeint sind. Durch die reduzierte Kohlenhydratzufuhr mit gleichzeitig niedrigem glykämischem Index will Sears die Insulinsekretion vermindern, um damit die Speicherung von Körperfett zu verringern und die Fettmobilisierung zu verbessern. Eine wichtige Zielgruppe seines Buches sind Sportler, insbesondere Hochleistungssportler.

Schon Arnold Schwarzenegger ernährte sich nach den Prinzipien der kohlenhydratarmen Diät.

Sears beschreibt die aus seiner Sicht negativen Stoffwechselwirkungen der üblicherweise für Sportler empfohlenen kohlenhydratreichen Diät wie folgt:

- Steigerung der Insulinsekretion
- Reduzierung der Ausdauer und der physischen Leistungsfähigkeit
- Ständiges Hungergefühl durch fortgesetzte Hyperinsulinämie
- Gesteigerte Lipogenese
- Reduzierte Fettutilisation
- Gesteigerte Muskelermüdung
- Reduzierte mentale Aufmerksamkeit

Anstelle der negativen Effekte einer kohlenhydratreichen Diät sollen dagegen nach Sears durch die Reduktion der Kohlenhydrate eine Reihe positiver Stoffwechseleffekte erzielt werden:

- Verbesserte Fettsäuremobilisierung
- Verbesserte Fettutilisation während und nach dem Training
- Gesteigerte Muskelausdauer durch Glykogenspareffekt
- Gesteigerter Sauerstofftransport in die Muskelzellen
- Reduzierte Muskelermüdung
- Gesteigerte mentale Wachsamkeit und verringertes Hungergefühl durch stabilen Blutzuckerspiegel

Viele Hypothesen verbleiben bei diesem Diätkonzept allerdings im Bereich der Spekulation. Sehr nachteilig ist auch die mangelnde Alltagstauglichkeit – es ist vor allem schwierig, die Nährstoffrelation korrekt einzuhalten. In den Vereinigten Staaten werden deshalb spezielle Produkte (u. a. Riegel) zur Realisierung dieser »Diät« angeboten.

Wer sich kohlenhydratbewusst nach dem glykämischen Index ernährt, ist im Allgemeinen gut beraten.

In einer eigenen Untersuchung zeigte sich, dass Ausdauersportler (Triathleten) während einer Belastung, die der Wettkampfintensität entsprach, von einer Veränderung der Makronährstoffrelation entsprechend der Diät nach Sears nicht profitieren.

Eine für Sportler vorteilhaftere Energiebereitstellung lässt sich unter Beachtung des glykämischen Index nach wie vor durch eine kohlenhydratbetonte Ernährung mit Hartweizennudeln, Basmatireis, Vollkornprodukten, Gemüse, Hülsenfrüchten und fruchtzuckerreichem Obst erzielen.

Allein der zum Fettansatz neigende Bodybuilder, der zudem zu wenig Zeit für ein aerobes Training verwendet, kann unter Umständen von einer Rücknahme der Nahrungskohlenhydrate auf etwa 100–150 g pro Tag profitieren.

Die anabole Diät

Noch einen Schritt weiter als Sears gehen die Befürworter der anabolen Diät. Bei dieser Kostform werden von Montag bis Freitag fast ausschließlich Eiweiß und Fett verzehrt. Die Kohlenhydratzufuhr liegt unter 20 g am Tag. Nur am Wochenende werden vermehrt Kohlenhydrate gegessen, um die Muskulatur »aufzuladen«. Die starke Kohlenhydratrestriktion vermindert die Insulinausschüttung und fördert den Fettabbau. Reichliches Trinken ist bei dieser Diät auf jeden Fall Pflicht, um die vermehrt anfallenden Fettabbauprodukte über die Nieren auszuscheiden. Eventuell wird auch eine Glutaminergänzung (siehe Seite 80 ff.) angeraten (Blanchard et. al., siehe Literaturverzeichnis). Die für körperlich Inaktive zu erwartenden gesundheitlichen Nachteile einer so fettreichen Kost treten beim Trainierenden vermutlich nicht auf (zumindest werden sie kurzfristig nicht beobachtet, Brown, siehe Literaturverzeichnis).

Für Bodybuilder mit Wettkampfambitionen ist die anabole Diät zur Vorbereitung auf einen Wettbewerb einen Versuch wert.

Die anabole Diät ist nicht zur Leistungssteigerung im Ausdauersport geeignet. Für Bodybuilder bringt sie aber Vorteile bei der Reduktion des Körperfettanteils und der Erhöhung der Muskelmasse. Dies wird durch aktuelle Studien bestätigt (Sharman et al., siehe Literaturverzeichnis). Über einen Zeitraum von sechs Wochen wurde Probanden Nahrung mit einem Kalorienanteil von 30 Prozent Protein, 61 Prozent Fett und acht Prozent Kohlenhydrate zugeführt. Die Gesamtkalorienzufuhr entsprach dem Bedarf der Sportler. Ergebnis: Im Durchschnitt wurde der Körperfettanteil um 3,6 Prozent gesenkt. Die fettfreie Körpermasse wuchs hingegen um 1,1 kg. Der Insulinspiegel in Ruhe sank um 32 Prozent.

Der schlanke Athlet, der ohnehin Probleme mit dem Masseaufbau hat, sollte den richtigen Mix aus Kohlenhydraten, Fetten und Proteinen einhalten. Denn diese Kombination lässt am ehesten eine Zunahme an Muskelmasse erwarten.

Die wichtigsten Nahrungs-ergänzungen

Dieses Kapitel sagt Ihnen klipp und klar, was von Nahrungsergänzungen zu halten ist: von A wie Aminosäuren bis Z wie Zellvoluminizer. Außerdem wird einfach und nachvollziehbar erklärt, wie die einzelnen Substanzen wirken und für wen sie sinnvoll sind.

Pulver und Pillen für optimale Leistung?

Wer ab einer bestimmten Leistungsphase zusätzlich Muskeln auf- oder Fett abbauen möchte, wird es erfahrungsgemäß nicht ohne Nahrungsergänzungen schaffen. Um Muskeln aufzubauen, muss Krafttraining betrieben werden und die aufgenommene Kalorienmenge höher als der Kalorienverbrauch sein. In diesem Zusammenhang wird vom Zeit-Mengen-Problem (siehe Seite 36) gesprochen. Das bedeutet, dass es aufgrund der verfügbaren Zeit und der Größe des Trainingspensums nicht immer möglich ist, genügend Kalorien aufzunehmen. In diesen Fällen hat sich der Einsatz von Eiweiß- und Kohlenhydratkonzentraten bewährt. Sie liefern viele Nährstoffe und Kalorien, sind schnell zubereitet, lange haltbar und belasten den Verdauungstrakt kaum.

Auch wenn man mithilfe von Sport Körperfett abbauen will, muss die Kalorienzufuhr niedriger sein als der Verbrauch. Damit während der Diät Fett statt Muskelmasse abgebaut wird, sollte genügend Eiweiß und möglichst wenig Fett aufgenommen werden. Hier liefern Eiweißkonzentrate wertvolles Protein. Außerdem bieten Sie eine abwechslungsreiche Alternative gegenüber Magerquark oder Hühnerfilet. Bestimmte Nahrungsergänzungen, z. B. L-Carnitin und Pyruvat, können den Fettabbau zusätzlich unterstützen.

Wichtiger Hinweis zu Nahrungsergänzungen

Nahrungsergänzungen sind Lebensmittel und keine Arzneimittel. Bei einigen der in diesem Buch beschriebenen Substanzen handelt es sich um Präparate, die rechtlich als Arzneimittel eingestuft worden sind. Die Zufuhr von sämtlichen beschriebenen Substanzen sollte durch einen erfahrenen Arzt beaufsichtigt werden. Zu einer Selbstmedikation durch medizinische Laien raten die Autoren dringend ab.

Augen auf beim Supplementekauf

Ein Spaziergang über Europas größte Fitnessmesse FIBO in Essen oder ein Blick in die verschiedenen Fitnesszeitschriften macht deutlich, dass es immer mehr Produkte und Anbieter von Nahrungsergänzungen gibt. Schnell ist man damit überfordert, die richtige Entscheidung für das richtige Supplement zu treffen. Es gibt aber einige wichtige Kriterien, die man beim Kauf von Nahrungsergänzungen beachten sollte.

Hersteller und deren Qualitätsstandards

In Deutschland verkaufte Supplemente sind grundsätzlich Lebensmittel und keine Arzneimittel. Die Herstellung und das Inverkehrbringen unterliegen damit dem sehr strengen deutschen Lebensmittelrecht. Schreckensmeldungen über Schlachtabfälle in Proteinkonzentraten gehören ins Reich der Märchen und dienen nur dazu, die Druckauflage von Boulevardblättern zu steigern.

Nahrungsergänzungen unterliegen dem strengen deutschen Lebensmittelrecht und sind sichere Produkte.

Wer qualitativ hochwertige Nahrungsergänzungen kaufen möchte, sollte sich nicht von niedrigen Preisen blenden lassen. Qualität hat ihren Preis, und eine Mehrausgabe macht sich häufig bezahlt.

Achten Sie beim Kauf von Nahrungsergänzungen in jedem Fall darauf, dass der Hersteller zertifiziert ist: Warenein- und -ausgang sollten den Anforderungen der DIN ISO 9000 entsprechen, und die Herstellung sollte nach dem HACCP-Konzept überwacht werden. Nur so kann man als Verbraucher sicher sein, dass die Supplemente gesundheitlich unbedenklich sind, nach hygienischen Prinzipien hergestellt wurden und keine unerwünschten Fremdstoffe enthalten. Achten Sie auf entsprechende Herstellerangaben auf der Packung und in den Informationsunterlagen.

Auch wenn die oben genannten Voraussetzungen erfüllt sind, ist es wichtig, dass bei der Entwicklung der Nahrungsergänzungen Stabilitäts- und Lagertests durchgeführt worden sind. Außerdem sollte es natürlich Langzeitstudien über Verträglichkeit oder unerwünschte Nebenwirkungen geben.

Gute Supplemente sind in Theorie und Praxis getestet

Häufig verspricht die Werbung, dass ein Supplement in zahlreichen Studien mit positivem Ergebnis überprüft wurde. Aber wirklich gute Nahrungsergänzungen wurden nicht nur in wissenschaftlichen Studien, sondern auch von erfahrenen Athleten praxisnah getestet. Denn nur diese können die Wirksamkeit eines Supplements wirklich beurteilen. Da die Produkte über einen längeren Zeitraum hinweg geprüft werden, dauert es bei seriösen Herstellern immer etwas länger, ehe ein neues Produkt auf den Markt kommt. Dafür kann der Verbraucher aber sicher sein, dass es von Topathleten getestet wurde, die Qualität stimmt und Stabilitätstests durchgeführt worden sind.

Top-Produkte werden von vielen erfolgreichen Athleten getestet.

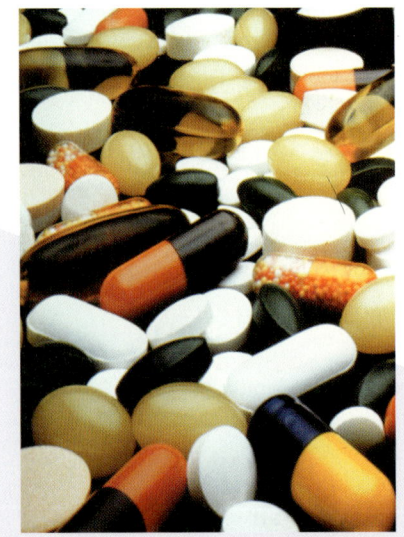

Kompromisse sind manchmal nötig

Theoretisch betrachtet gibt es eine Menge vielversprechender Kombinationen verschiedener Substanzen. Doch leider ist es nicht immer möglich, diese Verbindungen in die Praxis umzusetzen. Denn es kann sein, dass Substanzen nicht stabil sind und chemisch miteinander reagieren. Manchmal müssen daher unerwünschte Hilfsstoffe verwendet werden, um die Produktion zu ermöglichen. Und auch die geschmacklichen Eigenschaften eines Supplements spielen eine nicht unwesentliche Rolle.

Tipps für den Supplementekauf

Lassen Sie sich von Trainern oder Ernährungswissenschaftlern beraten, bevor Sie sich ein oder mehrere Supplemente kaufen! Prüfen Sie im eigenen Interesse die Seriosität der Anbieter und fragen Sie nach Produktionsort und Herkunft der Inhaltsstoffe! Handelt es sich beim Anbieter nur um einen Importeur, lässt sich häufig nur schwer herausfinden, ob die Supplemente qualitativ hochwertig sind. Im Zweifelsfall: Finger weg!

Obwohl Fett und Zucker nicht in eine ausgewogene Sporternährung gehören, lässt es sich nicht vermeiden, Fitnessriegel leicht mit Schokolade zu überziehen, damit sie gut schmecken. Nach wissenschaftlichem Anspruch wäre es selbstverständlich besser, nur komplexe Kohlenhydrate mit hochwertigem Eiweiß in Riegelform zu bringen. Doch dann wäre das Produkt staubtrocken und ungenießbar.

Die Hanteln zeigen Ihnen auch im nachfolgenden Text zu den Supplementen, welche Produkte sehr empfehlenswert, bedingt empfehlenswert oder nicht bzw. nur in Ausnahmefällen geignet sind.

CLA, HMB, Prohormone, Vanadylsulfat

In Ausnahmefällen möglicherweise geeignet

L-Arginin/L-Ornithin, Glycerin, Ribose, Tribulus Terrestris

Bedingt empfehlenswert

Aminosäuren, BCAA, L-Carnitin, Creatin, Creatinpyruvat, Fitnessgetränke, Fitness-Shakes, L-Glutamin, Kohlenhydratkonzentrate, Magnesium, Proteinkonzentrate, Pyruvat, Sportlerriegel, Weight Gainer, Zellvoluminizer

Sehr empfehlenswert

Aminosäuren – Bausteine des Lebens

Nahrungsproteine werden bei der Verdauung in Aminosäuren aufgespalten, aus denen wiederum gemäß unseres spezifischen Bauplans körpereigene Proteine aufgebaut werden (siehe auch Seite 24ff.). Einige Aminosäuren (essenzielle Aminosäuren) müssen unbedingt, andere nur unter bestimmten Bedingungen mit der Nahrung aufgenommen werden (semi- oder konditionell essenzielle Aminosäuren). Eine dritte Gruppe kann im Körper aus anderen Nahrungsbestandteilen gebildet werden (nicht essenzielle Aminosäuren).

Die Erforschung der Aminosäuren als leistungsbeeinflussende (ergogene) Substanzen eröffnet ein interessantes wissenschaftliches Aufgabenfeld und ist längst nicht abgeschlossen.

Freien (isolierten) und höher dosierten Aminosäuren schreibt man spezifische Stoffwechseleffekte zu, z. B.

- Arginin und Ornithin: Steigerung der Wachstumshormonausschüttung (siehe Seite 51ff.).
- Tryptophan (Serotonin): Beeinflussung psychischer Vorgänge.
- Tyrosin: hormonartige Wirkstoffe mit belebender und antriebssteigernder Wirkung.
- Valin, Leuzin und Isoleuzin, kurz BCAA genannt: antikatabole Wirkung (siehe Seite 54ff.).

Welche Aminosäurenprodukte gibt es?

In einem Protein sind die Aminosäuren wie in einer Perlenkette aneinander gereiht. Damit der Körper ein Nahrungsprotein verwerten kann, muss diese Aminosäurenkette mithilfe verschiedener Verdauungsenzyme aufgespalten werden. Wir nennen die kürzeren Bruchstücke von Proteinen Peptide (Zusammenschluss von zwei bis fünf Aminosäuren). Bei Aminosäurenprodukten liegen bereits kurze Aminosäurenketten vor. Diese peptidgebundenen Aminosäuren können vom Körper schneller aufgenommen werden als ein komplettes Nahrungseiweiß.

Im Handel gibt es verschiedene freie Aminosäuren (z. B. L-Arginin und L-Glutamin) und Hydrolysate aus vollständigen Proteinen, die enzymatisch aufgespalten sind und dann als Aminosäurenprodukte bezeichnet werden.

Bei der Qualität der Aminosäurenhydrolysate kommt es stark auf die eingesetzte Proteinquelle und den Grad der Aufschließung (Hydrolysegrad) an. Hochwertige Quellen sind:

- Molkeproteine
- Mischungen aus Kartoffel- und Eiprotein

Grundsätzlich unterscheidet man zwischen Aminosäuren als **schnelle Bausubstanz** für Muskeln und **funktionellen Aminosäuren** (mit einer Wirkung auf Körperfunktionen). Im Handel sind Aminosäurenhydrolysate in Tablettenform, als Trinkampulle oder Drink erhältlich.

Als funktionelle Aminosäuren werden L-Glutamin (siehe Seite 80ff.) und andere spezielle Aminosäuren angeboten.

Wie und wann sollte man Aminosäurenprodukte einnehmen?
Aminosäurenprodukte können und sollen grundsätzlich nicht die Aufnahme normaler Nahrungsproteine ersetzen. Wenn man aber vor dem Training keine große, schwer verdauliche Mahlzeit mehr essen möchte, können entsprechende Produkte zugeführt werden, denn sie belasten nicht und die darin enthaltenen Aminosäuren stehen schnell zur Verfügung.

In einer Studie testete man die Wirkung von Aminosäuren bei der Einnahme direkt vor bzw. nach dem Training. Als Ergebnis kann festgehalten werden, dass bei einer Einnahme vor dem Training die Proteinsynthese (Aufbau von Muskeleiweiß) und der Aminosäurentransport in die Muskulatur am höchsten war.

Wir empfehlen Aminosäuren vor dem Training zusammen mit einem schnell verfügbaren Kohlenhydratgetränk einzunehmen. Dieses Verfahren hilft, Muskeln aufzubauen, und belastet den Verdauungstrakt nicht (nach Tipton, siehe Literaturverzeichnis).

Für intensiv trainierende Bodybuilder gilt: Immer wenn nicht genügend Protein aufgenommen werden kann, sollten mindestens 1,5 g Aminosäuren pro 10 kg Körpergewicht zugeführt werden. Ein 70 kg schwerer Kraftsportler sollte demnach zirka sieben Tabletten (à 1500 mg AS) vor dem Training einnehmen.

Ampullen haben meisten 7–10 g Aminosäuren pro Ampulle und eignen sich als schnelle Proteinquelle nach dem Training oder zur verstärkten Regeneration vor dem Schlafengehen. Aminodrinks enthalten etwa 30 g Aminosäuren und sind als Mahlzeit direkt nach dem Training geeignet.

> ### Profitipp
>
> *Die beste Wirkung erzielt man, wenn man direkt vor dem Training eine halbe Flasche Carbogetränk (Kohlenhydratgetränk) zusammen mit der dem Körpergewicht entsprechenden Menge Aminosäurentabletten einnimmt. Den Rest des Carbogetränks sollte man dann zur Mitte des Trainings trinken.*

Aminosäuren – das Produkt für (Diät-)Profis

 Aminosäurenpräparate sind für fortgeschrittene Sportler und Muskelenthusiasten auf hohem Trainingsniveau geeignet, die ihre Muskeln regelmäßig und intensiv trainieren. Der große Vorteil der Aminosäurensupplemente ist, dass sie den Muskeln schnell zur Verfügung stehen, da sie quasi »vorverdaut« sind. Besonders wenn die oben genannten Einnahmetipps beachtet werden, können sie das Muskelwachstum auf sichere Art und Weise beschleunigen.

Für den allgemeinen Fitnessbereich sind Aminosäurenprodukte während der Diät in Verbindung mit leicht verdaulichen eiweißreichen Lebensmitteln oder hochwertigen Proteinkonzentraten (siehe Seite 93ff.) geeignet.

L-Arginin und L-Ornithin

Die Substanzen L-Arginin und L-Ornithin sind Aminosäuren, die zu den so genannten funktionellen Aminosäuren gezählt werden. Bei den Produkten handelt es sich um freie (isolierte) Aminosäuren (siehe Seite 48).

L-Arginin – die semi-essenzielle Aminosäure

Eigentlich gehört L-Arginin zu den nicht essenziellen Aminosäuren. Aber in bestimmten Situationen, wie z. B. extremem Stress, Krankheit, starker körperlicher Belastung oder in katabolen Phasen bei hohem Trainingsumfang, kann es passieren, dass der Körper L-Arginin nicht in ausreichender Menge produziert und es kommt zu einem L-Arginin-Mangel. Die nicht essenzielle Aminosäure wird dann als semi-essenziell bezeichnet, und eine Zufuhr, z. B. über eine Nahrungsergänzung, ist sinnvoll.

Die Aminosäuren L-Arginin und L-Ornithin sind flüssig in Trinkampullen und als Kapseln (schwach dosiert) erhältlich. Tipp: Einfach mal sechs Wochen testen.

So wirken L-Arginin und L-Ornithin

Die Aminosäure L-Ornithin kommt nicht im Nahrungseiweiß vor, sondern wird vom Körper aus L-Arginin gebildet. Als Nahrungsergänzungen unterstützen sich L-Arginin und L-Ornithin in ihrer Effektivität. Ihre Wirkungsweise ist allerdings noch nicht abschließend geklärt, doch werden die beiden Substanzen schon lange erfolgreich für die Stärkung des Immunsystems, die Erhöhung der Insulin- und Wachstumshormonausschüttung sowie die Verbesserung der Muskeldurchblutung und der Erektionsfähigkeit eingesetzt.

Stärkung des Immunsystems

Durch die Gabe von L-Arginin erhöht sich im Körper die Anzahl der Lymphozyten (weiße Blutkörperchen), wodurch die körpereigene Immunabwehr gestärkt wird. Das ist besonders für gestresste, kranke oder hoch belastete Sportler wichtig.

Zur Stärkung des Immunsystems hat sich die Einnahme von 3–6 g L-Arginin und 2–4 g L-Ornithin vor dem Schlafengehen bewährt. Diese Menge entspricht etwa ein bis zwei Ampullen eines reinen Aminosäurenprodukts.

Erhöhte Wachstumshormonausschüttung

Eine Wachstumshormonausschüttung soll durch eine Stimulation der Hypophyse erreicht werden. Bisher ist dies jedoch nur bei intravenöser Gabe wissenschaftlich nachgewiesen worden (Williams, siehe Literaturverzeichnis).

Für den Kraftsportler sind die Erhöhung der Wachstumshormonausschüttung und die Verbesserung der Muskeldurchblutung durch L-Arginin und L-Ornithin besonders interessant.

Theoretisch ist durch eine Erhöhung der Wachstumshormonausschüttung ein verstärkter Körperfettab- und Muskelaufbau möglich. Für fortgeschrittene Bodybuilder ist es daher einen Versuch wert, durch die orale Gabe von L-Arginin und L-Ornithin die körpereigene Wachstumshormonausschüttung anzuregen.

Zu beachten ist allerdings, dass man das Einnahmemuster von ein bis zwei Ampullen (3–6 g L-Arginin und 2–4 g L-Ornithin) täglich vor dem Schlafengehen für mindestens sechs Wochen einhalten muss. Optimal ist ein zeitlicher Abstand von drei Stunden zur letzten Mahlzeit.

Verbesserte Durchblutung und Glykogeneinlagerung

Werden L-Arginin und L-Ornithin vor dem Training eingenommen, kommt es zu einem verbesserten »Pump« (Durchblutung der Muskulatur). Nach dem Training eingenommen, wird dagegen der Insulinausstoß angeregt. Durch Insulin wird mehr und schneller Glykogen (in der Muskulatur gespeicherter Zucker) eingelagert.

Folgende Einnahmeregeln haben sich besonders bewährt: Für besseren »Pump« sollte man vor dem Training ein bis zwei Ampullen mit etwa 0,2 l Wasser einnehmen. Wer hingegen eine erhöhte Insulinproduktion erreichen will, sollte ein bis zwei Ampullen direkt nach dem Training trinken. Nach 30 Minuten kann dann die erste Mahlzeit eingenommen werden.

Verbesserte Erektionsfähigkeit

Wegen seiner gefäßerweiternden Wirkung kann L-Arginin Männern mit Erektionsschwierigkeiten helfen, ihre Erektionsfähigkeit zu verbessern. Hierzu muss L-Arginin allerdings auf nüchternen Magen ein bis zwei Stunden vor dem Sex eingenommen werden (nach Cartledge, siehe Literaturverzeichnis).

Kaufen Sie L-Arginin und L-Ornithin als freie Aminosäuren in der Ampulle. Mischprodukte mit weiteren Aminosäuren sind wirkungslos.

Worauf Sie beim Kauf achten sollten

Nur Produkte, die L-Arginin und L-Ornithin als Monosubstanzen enthalten, können deren volle Wirkung zeigen. Produkte, die zusätzliche Aminosäuren bzw. Proteinquellen enthalten, sind wirkungslos, da weitere Aminosäuren die Wirkung von L-Arginin und L-Ornithin behindern. Die flüssige Variante in Ampullenform ist die beste Wahl. Kapseln sind schwächer dosiert.

L-Arginin und L-Ornithin – bewährt und sicher

Beide Aminosäuren sind in der Bodybuildingszene seit langem bekannt und gelten als sicheres Supplement. Für Personen, die intensiv und regelmäßig trainieren, sind sie einen Versuch wert. Jedoch macht nur die regelmäßige Einnahme über einen Zeitraum von mindestens sechs Wochen Sinn.

BCAA – antikataboler Schutz

Zu den BCAA (Branched Chain Amino Acids) oder auch verzweigtkettigen Aminosäuren zählen die essenziellen Aminosäuren Leucin, Isoleucin und Valin. Sie dienen sowohl als Bausubstanz als auch als funktionelle Aminosäuren.

Aufgrund ihrer Struktur werden sie direkt über den Darm in die Muskulatur aufgenommen. Alle anderen Aminosäuren werden dagegen über die Leber verstoffwechselt. Daher dauert es länger, bis sie der Muskulatur zur Verfügung stehen. Für den Sportler sind BCAA interessant, da sie

- die Muskelproteinsynthese fördern (besonders bei Einnahme nach dem Training),
- den Proteinabbau mindern,
- die Insulinausschüttung anregen,
- die Wachstumshormonausschüttung erhöhen,
- die Energiebereitstellung im Ausdauersport verbessern,
- die Bildung von Milchsäure (Laktat) vermindern und
- die Muskulatur vor Abbau schützen (z. B. während einer Diät oder bei Kohlenhydratmangel).

Wirkungen der BCAA

Das größte Wirkpotenzial zur Förderung der Proteinsynthese hat Leucin. Dennoch macht eine Einzelgabe aber keinen Sinn, da eine maximale Wirkung nur auftritt, wenn alle drei BCAA zugeführt werden. Nähme man Leucin ohne die beiden anderen Aminosäuren Isoleucin und Valin auf, würde ein Ungleichgewicht entstehen, das zu einem Abbruch der Proteinsynthese führt.

Werden BCAA nach dem Training eingenommen, kommt es zu einer Insulinausschüttung. Die meisten von uns kennen das Insulin als ein Hormon, das Zucker in die Zelle transportiert. Aber Insulin kann noch

viel mehr. Denn es transportiert auch aufgenommene Aminosäuren in die Muskulatur. Es
ist das anabolste Hormon in unserem Körper.
Werden die verzweigtkettigen Aminosäuren zusammen mit weiteren Proteinen und Kohlenhydraten aufgenommen, dann werden diese
Nährstoffe durch die deutlich erhöhte Insulinausschüttung wesentlich schneller in die Muskulatur transportiert, und es kommt zu der er-
wünschten anabolen (aufbauenden) Stoffwechsellage.

Das Besondere an BCAA ist, dass sie eine Proteinabbau mindernde Wirkung haben. Normalerweise werden unter starker Belastung nicht

BCAA sorgen für Muskelaufbau und schützen vor Muskelabbau.

nur Kohlenhydrate, sondern auch Aminosäuren, insbesondere Leucin, abgebaut. Führt man aber genügend Leucin
zu, wird als Energie kein wertvolles Muskelprotein verstoffwechselt. Man bezeichnet diese Eigenschaft auch als
antikatabole Wirkung. In der Reduktionsdiät ist es daher
besonders wichtig, genügend BCAA zuzuführen, um einen Muskelabbau zu verhindern.

In einer Studie mit Profiwrestlern konnte gezeigt werden, dass
während einer Diät bei gleichzeitiger Gabe von BCAA der Abbau von
Muskelmasse sehr gering war. Eine verminderte Leistungsfähigkeit,
die sonst bei Diäten auftreten kann, wurde nicht beobachtet (nach
Mourier, siehe Literaturverzeichnis).

In einer Untersuchung mit Triathleten hat man herausgefunden, dass
durch die regelmäßige Einnahme von BCAA die körpereigenen Wachstumshormonausschüttung deutlich erhöht wird. Durch diese Ent-
deckung erklärt sich auch die vermehrte Proteinsynthese (nach De
Palo, siehe Literaturverzeichnis).

Wann und wie viel BCAA sollte eingenommen werden?

Die aktuellen Schätzwerte des Bedarfs an BCAA pro Tag bei gesunden jungen Männern liegen bei:

- 40 mg L-Leucin pro kg Körpergewicht
- 23 mg L-Isoleucin pro kg Körpergewicht
- 20 mg L-Valin pro kg Körpergewicht

Eine Person mit 80 kg Körpergewicht hätte demnach einen geschätzten Bedarf von insgesamt 6,6 g BCAA täglich (nach Metges, siehe Literaturverzeichnis). Hierbei ist zu berücksichtigen, dass die ermittelten Schätzwerte für den Erhalt von Körpereiweiß gelten. Für anabole Vorgänge (Aufbau von Muskeleiweiß) oder einen energiefördernden Effekt sind diese Werte möglicherweise zu gering.

BCAA werden als Tabletten und Kapseln angeboten. Tabletten sind höher dosiert und billiger als Kapseln.

Wie hoch die aufgenommene Menge an BCAA in der Basisernährung ist, kann nur sehr grob geschätzt werden. Als Richtlinie aus der Praxis gilt daher: Decken Sie nach dem Training mindestens 75 Prozent des Mindestbedarfs an verzweigtkettigen Aminosäuren durch Supplemente. Auf das oben genannte Beispiel bezogen empfiehlt es sich, nach dem Training etwa vier Tabletten BCAA einzunehmen. Hierbei handelt es sich jedoch um Erfahrungswerte ohne wissenschaftlichen Anspruch, die nur als grobe Richtlinie gelten sollen.

Zufuhrempfehlung im Ausdauersport

BCAA haben eine wichtige Rolle im Energiestoffwechsel. Bei hoher, lang andauernder Belastung werden BCAA in Glukose umgewandelt und stabilisieren über diesen Weg den Blutzuckerspiegel. Wenn also die Glykogenreserven (in der Muskulatur gespeicherte Kohlenhydrate) nahezu vollständig aufgebraucht sind, wird durch eine Zufuhr von BCAA vermieden, dass BCAA aus dem Muskelprotein herausgelöst werden, um neue Glukose zu bilden. Vor dem Training eingenommene BCAA bewirken eine Förderung der Ausdauerleistung. Nach dem Training fördern sie eine rasche Regeneration durch die Schonung und Neubildung körpereigenen Proteins. In einer vierwöchigen Untersuchung konnte gezeigt werden, dass sich bei einer Supplementation von 9,6 g BCAA vor einer einstündigen Ausdauerbelastung die Laktatkonzentration im Muskel verringert (De Palo, siehe Literaturverzeichnis). Je weniger Laktat (Milchsäure) gebildet wird, desto länger kann im Maximalbereich trainiert werden, da der Muskel erst spät übersäuert.

BCAA verhindern die Umwandlung von Körpereiweiß in Energie.

Da im Ausdauerbereich zur Erreichung eines adäquaten Trainingserfolges Trainingseinheiten über 90 Minuten nötig sind, sollte man vor und nach dem Training 3–4 g BCAA einnehmen. Dies entspricht einer Zufuhr von jeweils drei bis vier Tabletten vor und nach dem Training.

Zufuhrempfehlung im Kraftsport

Trainingseinheiten im Kraftsport dauern selten länger als eine Stunde. Hier ist die Zufuhr vor dem Training nur angebracht, wenn der Sportler eine kalorienreduzierte Diät durchführt. Die BCAA-Menge sollte mindestens 4 g betragen. Dies entspricht etwa vier Tabletten. Im Allgemeinen reicht eine Zufuhr von vier Tabletten nach dem Training – am besten zusammen mit einem Proteindrink. Dies gewährleistet, dass eine anabole Stoffwechsellage gebildet wird und es nicht zum Muskelabbau kommt. Die Dosierungsanweisungen gelten beispielhaft für eine 80 kg schwere Person. Bei höherem Körpergewicht ist die Höhe der Zufuhr anzupassen.

> ## BCAA mit anderen Produkten kombinieren
>
> BCAA lassen sich auch mit anderen Produkten kombinieren:
> - In der Aufbauphase sollte man BCAA zusammen mit einem Weight Gainer (siehe Seite 119ff.) einnehmen.
> - Zur Erhöhung der Muskelqualität (bessere Definition der Muskulatur) kann man die Aminosäuren zusammen mit einem Proteinshake (siehe Seite 93ff.) zuführen.
> - In der Kraftaufbauphase sollte man BCAA zusammen mit Creatin (siehe Seite 68ff.) einnehmen.
> - Im Ausdauersport hat es sich bewährt, die Aminosäuren vor und nach dem Training zusammen mit einem Carbogetränk (kohlenhydratreiches Getränk) zuzuführen.

Worauf man beim Kauf achten sollte

Aufgrund des strengen deutschen Lebensmittelrechts gibt es auf dem heimischen Markt nur BCAA, die aus Zuckerrübenmelasse gewonnen wurden. Da es große Preisunterschiede gibt, lassen sich die verschiedenen Produkte daher in ihrem Preis-Leistungs-Verhältnis gut vergleichen.

BCAA sind ein wirkungsvolles Schutzschild für unsere Muskulatur.

Die höchste Dosierung bei gleichzeitig geringstem Preis weisen BCAA in Tablettenform auf. Die im Fachhandel erhältlichen Aminosäurekapseln sind meist teurer und niedriger dosiert.

BCAA – für Sportler mit Trainingserfahrung

BCAA sind sichere Produkte und haben keinerlei Nebenwirkungen. Als Empfehlung gilt jedoch, BCAA erst nach einer Trainingspraxis von mindestens drei Monaten zu verwenden. Erst nach diesem Zeitraum ist man in der Lage, die Muskulatur wirklich intensiv zu trainieren und zu fordern.

L-Carnitin – ein echter Fatburner?

Kaum ein Nahrungsergänzungsprodukt ist so umstritten wie der körpereigene Wirkstoff L-Carnitin. Zum Thema L-Carnitin und zu dessen Einsatzbereichen gibt es mittlerweile zahlreiche positive, aber auch negative Studienergebnisse.

L-Carnitin – ein umstrittenes Supplement

Wie kontrovers die Diskussion um L-Carnitin ist, zeigt stellvertretend für die Einschätzung vieler Wissenschaftler und Ernährungsberater das folgende Zitat (Stand 1999) des swiss forum for sport nutrition: *»Carnitin ist ein Dauerbrenner im Markt der Supplemente und wird möglicherweise noch eine Zeit lang diesen Status innehalten. Eine der vielen metabolen Funktionen des Carnitins ist der Transport von langkettigen Fettsäuren durch die innere Membran der Mitochondrien, dem Ort der Nährstoffoxidation. Die Idee einer erhöhten Fettsäureoxidation durch eine Supplementierung mit Carnitin ist daher naheliegend. Dies hätte zwei wünschenswerte Effekte zur Folge. Zum einen könnte mehr Fett abgebaut werden, und zum anderen könnte vielleicht Glykogen gespart werden, was bei einer definierten Ausdauerbelastung eine höhere Leistung bewirken könnte. Damit einer oder beide Effekte nur schon theoretisch geschehen, muss supplementiertes Carnitin zum Zielort gelangen (in die Muskelzelle).«* Der Effekt, dass L-Carnitin in die Muskelzelle gelangt, ist bisher nur in einer einzigen Studie aus dem Jahre 2000 bewiesen worden (nach Krähenbühl). Allerdings lag die supplementierte L-Carnitin-Menge bei zwei mal zwei Gramm für den Zeitraum von drei Monaten. Der Gehalt in der Muskulatur erhöhte sich von 4,0 µmol auf 4,8 µmol pro Kilogramm Muskelmasse. Die Ergebnisse waren leider auch nicht signifikant. Es bleibt abzuwarten, ob eine größere Probandenzahl genauere Ergebnisse erbringt.

Ist L-Carnitin tatsächlich ein Schlüsselfaktor in der Fettverbrennung?

Weiter heißt es in dem Kommentar des swiss forum for sport nutrition: »*Auch der gewünschte Effekt bezüglich Fettabbau konnte bis anhin in keiner Studie bestätigt werden. In der aktuellsten Übersichtsarbeit zu Supplementierungen mit Carnitin wird der Schluss gezogen, dass solche bei gesunden Personen ineffektiv sind, bei verschiedenen Krankheiten (Nierenversagen, Verengung von Gefäßen) jedoch positive Effekte eintreffen können (Brass und Hiatt, 1998). In der Wissenschaft ist die Ineffizienz von Carnitin als potentieller Leistungsförderer im Sport (fast) anerkannt, sodass dieses Thema sehr stark an Interesse verloren hat. In den letzten zwei bis drei Jahren sind abgesehen von Übersichtsartikeln praktisch keine Arbeiten mehr dazu publiziert worden.*«

L-Carnitin ist vor allem als Supplement zur Körperfettreduktion bekannt.

Doch obwohl L-Carnitin so umstritten ist, werden neue Studien durchgeführt und ihre Ergebnisse publiziert.

L-Carnitin – ein interessanter Wirkstoff

Sportler und Besucher von Sportstudios und Fitnesscentern verbinden mit dem Begriff L-Carnitin vorrangig ein Mittel zum Körperfettabbau und zur Unterstützung eines fettverbrennenden Trainings. Interessant scheinen allerdings auch andere Wirkungen von L-Carnitin zu sein: Es soll zu einer Verbesserung der Regeneration, zur Förderung der Durchblutung und zur Unterstützung des Immunsystems führen.

Was ist L-Carnitin?

Die Substanz L-Carnitin ist ein Wirkstoff, der sowohl im Körper selbst gebildet als auch mit der Nahrung aufgenommen wird. Aminosäuren aus der Nahrung (Lysin und Methionin) sowie die Vitamine B_6, C und Niacin und der Mineralsoff Eisen sind die Voraussetzung für die körpereigene Carnitinbiosynthese in Leber und Nieren. Zur gezielten nahrungsergänzenden L-Carnitin-Versorgung ist reines synthetisch hergestelltes L-Carnitin im Handel in Form von Tabletten, Riegeln, Fitnessdrinks oder Trinkampullen erhältlich.

Der Begriff Carnitin stammt vom lateinischen Wort »carne« (Fleisch) ab.

So wirkt L-Carnitin

Der Nahrungsfaktor ist ebenso wie der körpereigene Wirkstoff im Stoffwechsel verantwortlich für den Transport der langkettigen Fettsäuren in die Mitochondrien. Insofern schafft Carnitin die Voraussetzung für die Fettverbrennung. Die eigentlichen »Fatburner« selbst sind aber die aktiven Muskeln, sofern sie mit Ausdauer bewegt werden. Eine ausreichende Versorgung mit L-Carnitin gewährleistet, dass die Muskulatur und das Herz-Kreislauf-System weniger schnell ermüden, da L-Carnitin die Sauerstoffaufnahme bei körperlicher Beanspruchung erleichtert. Außerdem wird das Immunsystem gestärkt. Denn die Abwehrzellen sind aktiver und reagieren schneller auf Krankheitserreger.

Unterstützt L-Carnitin tatsächlich die Fettverbrennung?

Einfach L-Carnitin zu schlucken und zu hoffen, dass Körperfett verbrannt wird, funktioniert leider nicht. Wer mithilfe von L-Carnitin Körperfett abbauen möchte, muss erst die physiologischen Rahmenbedingungen schaffen und den Körper in eine natürliche Fettverbrennungsphase bringen.

Damit der Körper vorhandenes Körperfett als Energie verbrennt, muss im aeroben Bereich trainiert werden. Denn nur unter Zuhilfenahme von Sauerstoff kann Fett verbrannt werden (siehe Seite 15f.). Allgemein gilt für jeden, der Fett reduzieren möchte, dass man nur im niedrigen Pulsbereich (bei etwa 130 Schlägen pro Minute) vorrangig Fett verbrennen kann. Ein kurze Fahrt auf dem Ergometer mit hoher Watt- und Pulszahl verbrennt dagegen kein Fett, sondern nur Kohlenhydrate. Ein gutes Hilfsmittel für das Fettstoffwechseltraining sind moderne Ergometer, die durch ein Testprogramm die aerobe Schwelle für jede Person errechnen können. Erfahrene Trainer können hier wertvolle Tipps geben.

Beim Fettstoffwechseltraining ist es wichtig, dass man im aeroben Bereich trainiert.

In der Praxis gilt für Einsteiger mit der Zielsetzung Körperfettreduktion: Ausdauertraining geht vor Krafttraining. Fortgeschrittene, die dagegen vor allem Muskeln aufbauen wollen, können umgekehrt vorgehen, d. h. Krafttraining vor sanftem Ausdauertraining. Das fördert auch die anschließende Regeneration. Die Dauer der Trainingseinheit zur Fettstoffwechseloptimierung sollte dabei dreimal die Woche 30 bis 45 Minuten betragen. Wenn diese Bedingungen erfüllt sind, kann L-Carnitin einen Beitrag zur erhöhten Fettverbrennung leisten. Personen, bei denen L-Carnitin nicht zu einer vermehrten Fettverbrennung geführt hat, haben wahrscheinlich falsch (im anaeroben Bereich) trainiert.

Ein weiterer Vorteil von L-Carnitin ist, dass es durchblutungsfördernd und gefäßerweiternd ist. Die meisten Anwender bekommen beim Training mehr »Luft«, schwitzen schneller, und das Training fällt ihnen leichter.

Fettverbrennung durch L-Carnitin – so klappt's

Das Rezept für die erfolgreiche Fettverbrennung mithilfe von L-Carnitin:

- *Reduzieren Sie die Zahl der zugeführten Fettkalorien (Fettanteil in der Ernährung 15 bis 25 Prozent).*
- *Führen Sie mindestens dreimal die Woche ein aerobes Training durch.*
- *Nehmen Sie mindestens zwölf Wochen lang täglich 1 g L-Carnitin ein, vorzugsweise 30 Minuten vor dem Sport.*

Physiologische Leistungssteigerung durch L-Carnitin

Es existieren zahlreiche unabhängige Studien, die konkrete Steigerung des Stoffwechsels und der Herzleistung sowie eine messbare Verbesserung der sportlichen Leistung und der Regeneration durch L-Carnitin nachweisen.

In 53 von 60 durchgeführten Studien wurde durch die Gabe von L-Carnitin eine Verbesserung von mindestens einem gemessenen Parameter beobachtet.

L-Carnitin führt zu einer schnelleren Regeneration und erhöht die Leistung.

Die neueste Studie zur Leistungssteigerung durch L-Carnitin wurde an der Universität Basel am Institut des Schweizer Vitaminspezialisten Prof. Walter durchgeführt (Maggini, siehe Literaturverzeichnis).

Dort konnte gezeigt werden, dass bei sechs trainierten und sechs untrainierten Radfahrern die messbare Maximalleistung in drei aufeinander folgenden Tests um durchschnittlich 11 bis 19 Prozent

gesteigert werden konnte. Die Leistungssteigerung durch L-Carnitin ist eine Art »Trainingseffekt von innen« und bewegt sich in einer physiologischen Größenordnung. Aus diesem Grund ist diese Art der Leistungsbeeinflussung kein Doping, sondern ein im Rahmen der Sporternährung sehr willkommener Nebeneffekt.

L-Carnitin zählt heute zu den bekanntesten Nahrungsergänzungen im Sport. Ein Versuch lohnt sich in jedem Fall, vorausgesetzt man trainiert und isst richtig.

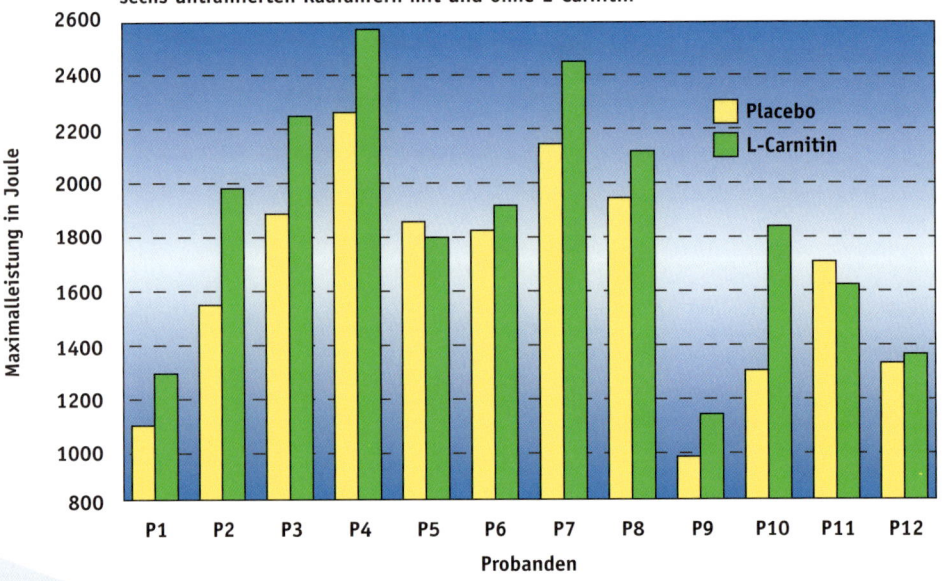

Leistung von sechs trainierten und sechs untrainierten Radfahrern mit und ohne L-Carnitin

Wer kann von L-Carnitin profitieren?

Ursprünglich wurde L-Carnitin nur im medizinischen Bereich einge-setzt, z. B. bei Herzkranken, Dialysepatienten, Menschen mit Durch-blutungsstörungen und Postpoliopatienten. Die dabei messbare Stei-gerung der körperlichen Leistungsfähigkeit (nach Frösch, Lehmann, siehe Literaturverzeichnis) wurde später auch auf den Einsatz im

> ## Weniger Fett und mehr Muskeln durch L-Carnitin
>
> *Bei strengen Diäten und vor allem beim Fasten (Nulldiät) ging bisher mehr Muskelmasse als Körperfett verloren. Das kann durch L-Carnitin verhindert werden. L-Carnitin begünstigt den Muskelaufbau und hilft Körperfett abzubauen. Eine Reihe von wissenschaftlichen Studien belegt, dass L-Carnitin langfristig den Abbau des körpereigenen Fettes fördert und den Aufbau fettfreier Muskelmasse unterstützt.*

Sport übertragen. Im Rahmen einer Diät kann L-Carnitin in Kombination mit einem effektiven Ausdauertraining den Fettabbau beschleunigen.

Hauptlieferanten für L-Carnitin sind Lebensmittel tierischen Ursprungs wie Fleisch, Fisch, Milch und Muttermilch. Gerade Vegetarier und besonders Veganer, die diese Lebensmittel nur eingeschränkt oder gar nicht zu sich nehmen, können daher einen Mangel aufweisen, der durch ein Supplement ausgeglichen werden kann.

Die Muskeln sind dank L-Carnitin belastbarer, und Muskelschmerzen werden reduziert, was an einer höheren Schmerzgrenze erkennbar ist.

Schutz vor Muskelkater und Freien Radikalen

Aktuelle Studien haben gezeigt, dass L-Carnitin die Erholungsphasen nach sportlichen Anstrengungen deutlich verkürzt und der Bildung eines Muskelkaters entgegenwirkt Darüber hinaus wurde dank L-Carnitin eine geringere Konzentration Freier Radikaler im Blut nachgewiesen (Zellschutz).

L-Carnitin – die Vorraussetzungen müssen stimmen

Wer effektiv Körperfett abbauen oder seine Leistungsfähigkeit steigern möchte, kann von L-Carnitin profitieren. Insbesondere dann, wenn die Voraussetzungen für den Fettabbau (Fettstoffwechseltraining) erfüllt werden.

CLA – Körperfettabbau durch Fettsäuren?

Das Kürzel CLA kommt aus dem Englischen und bedeutet »conjugated linoleic acid«. CLA ist also eine Gruppe von so genannten konjugierten Fettsäuren. Tierversuche haben gezeigt, dass diese speziellen Varianten der bekannten Linolsäure günstige Eigenschaften bei der Vorbeugung von Krebs und Herz-Kreislauf-Erkrankungen haben können. Außerdem soll bei gleichzeitiger Körperfettreduzierung durch CLA die Muskelmasse erhöht werden. Dieser günstige Einfluss hat verständlicherweise zu einer besonderen Nachfrage bei Bodybuildern und Kraftsportlern geführt. Für Übergewichtige ist es darüber hinaus vielversprechend, dass CLA wie ein körpereigener Appetithemmer wirken können.

Trotz dieser erstaunlichen und vielseitigen Eigenschaften ist eine allgemeine Empfehlung zur Nahrungsergänzung jedoch verfrüht. Erste Studienergebnisse bei Menschen ergaben zwar positive Hinweise. Offen sind aber noch Fragen nach der besten Wirkform und Variante sowie der exakten Dosierung, die vermutlich deutlich höher sein dürfte als die derzeit geschätzte CLA-Aufnahme mit der Nahrung (etwa 350 mg). Von Natur aus CLA-reich sind Fleisch, Milch und Milchprodukte von Wiederkäuern (Rinder), da diese besondere Fettsäurenvariante im Magen jener Tiere von speziellen Mikroorganismen produziert wird.

Butter enthält relativ viel CLA, aber leider auch viele Fettkalorien (10 g Butter = 75 kcal).

Beobachtungen aus der Praxis

Eine vom Hersteller der Substanz durchgeführte Studie kam zu positiven Ergebnissen. Bei einer Einnahme von 1,8 g CLA konnte in einem Zeitraum von zwölf Wochen der Körperfettanteil bei einer Gruppe von Probanden von 21,3 auf 17 Prozent gesenkt werden (nach Thom E., siehe Literaturverzeichnis).

Für die meisten Bodybuilder war dieses Ergebnis vielversprechend genug, um selbst einmal
CLA auszuprobieren. In kontrollierten Anwendungsbeobachtungen mithilfe eines Körper-
fettmessgerätes gab es positive Ergebnisse:
Im Schnitt wurden innerhalb von zwölf Wochen
drei Prozent Körperfett abgebaut. Optisch erkennbar waren diese drei Prozent allerdings
nur, wenn der Proband bereits einen niedrigen
Körperfettanteil von höchstens zwölf Prozent
aufwies. Eine Veränderung von beispielsweise
24 auf 21 Prozent Körperfett war dagegen optisch nur schwer erkennbar.

So sollte CLA dosiert werden

Um den CLA-Effekt zu nutzen, ist es unmöglich, eine entsprechende Menge mit der Nahrung aufzunehmen. Um 1 g
CLA durch natürliche Ernährung aufzunehmen, müsste man
beispielsweise 300 g Butter essen. Allerdings enthält diese
Menge etwa 250 g Fett, 2200 kcal und 720 mg Cholesterin.

*CLA eignen sich beson-
ders gut für Topathle-
ten mit niedrigem Kör-
perfettanteil.*

CLA müssen also über Nahrungsergänzungen zugeführt werden. Zum
Eigenversuch werden täglich 3–5 g CLA empfohlen. Die Einnahme-
dauer sollte zwölf Wochen betragen. Da die meisten Kapseln 1000
mg CLA enthalten, aber nur 60 Prozent konjugiert sind, beträgt die
tägliche Dosis sechs bis neun Kapseln.

CLA – ein Produkt für Vollprofis

Da CLA-Produkte sehr teuer sind, sind sie weniger für Anfänger
gedacht. CLA sind eher etwas für echte Topathleten, die in den
Wochen kurz vor einem Wettkampf ihrem Aussehen den letzten
»Schliff« geben möchten.

Creatin – das Powersupplement

Creatin ist ein natürlicher Nahrungsbestandteil, der hauptsächlich in Fleisch und Fisch enthalten ist. In pflanzlichen Lebensmitteln finden sich dagegen nur sehr geringe Mengen an Creatin. Bei normaler Mischkost beträgt die tägliche Creatinzufuhr etwa 1 g. Zusätzlich produziert der Körper selbst noch etwa 1 g.

Creatin ist bei Leistungssportlern mit Schnellkraftbelastungen zur möglichst schnellen Regeneration und Wiederauffüllung der »Sofortenergiequelle« ATP beliebt.

Creatin ist ein Energiezwischenspeicher und an der Resynthese von ATP beteiligt (siehe auch Seite 14). Je mehr Creatin in der Muskulatur gespeichert ist, desto schneller kann ATP nachgebildet werden. Je mehr oder je schneller ATP zur Verfügung steht, desto höher ist die Leistung. Creatin bringt diesen leistungssteigernden Effekt aber nur bei hoch intensiven Kurzzeitbelastungen (Krafttraining, Sprints, Weitsprung, Hochsprung, Gewichtheben usw.). Weitere positive Wirkungen von Creatin sind eine Förderung des Muskelwachstums und – interessant für Frauen – eine Verbesserung von Cellulite.

Creatin wird heute als reines Creatinmonohydrat in Pulverform (Instant), in Kapselform und in Form von Kombiprodukten mit Traubenzucker und weiteren Inhaltsstoffen angeboten.

Leistungssteigerung durch Creatin

Der ATP-Vorrat im Muskel reicht im Hochleistungsbereich für etwa zwei bis drei Sekunden. Der Körper muss dann im Muskel gespeichertes Creatinphosphat aufspalten, um neues ATP zu bilden. Würde dies nicht geschehen, müsste die Leistung abgebrochen werden. Am Beispiel der beliebten Übung Bankdrücken kann dies anschaulich erläutert werden:

Wenn mit sehr schwerem Gewicht etwa 70 Prozent der Maximalleistung trainiert wird, hat der Körper genügend ATP für etwa zwei

Wiederholungen zur Verfügung. Die Energie für die dritte und vierte Wiederholung wird dann durch die Aufspaltung von Creatinphosphat bereitgestellt. Die Energie für die fünfte und sechste Wiederholung wird aus dem Umbau von gespeicherten Muskelglykogen (gespeicherter Zucker) bereitgestellt. Anschließend übersäuert der Muskel und die Übung muss abgebrochen werden.

Durch die vermehrte Zufuhr von Creatin in Form von Creatinmonohydrat als Nahrungsergänzung kann der Zwischenspeicher für die dritte und vierte Wiederholung aufgefüllt werden. Denn je mehr Creatinphosphat im Muskel gespeichert ist, desto höher ist die Energiereserve. Sind die Speicher maximal gefüllt, können so insgesamt mindestens zwei Wiederholungen mehr absolviert werden. Häufig wird zudem beobachtet, dass durch eine Creatinkur die Maximalleistung im Bankdrücken um zehn Kilo erhöht werden kann; in sechs Wochen kann eine Gewichtszunahme von bis zu fünf Kilogramm erzielt werden. Diese Leistungssteigerung lässt sich auf jede Schnellkraftsportart übertragen (nach Volek et al., siehe Literaturverzeichnis).

Creatin ist nur bei hochintensiven Kurzzeitbelastungen leistungssteigernd.

Creatin für Muskelwachstum

Creatin wird in der Muskulatur gespeichert. Durch diese Einlagerung werden gleichzeitig vermehrt Wasser und weitere Nährstoffe in die Muskelzelle geschleust: Die Muskulatur wird sprichwörtlich aufgepumpt, sie sieht praller aus, was zu einem optischen Muskelzuwachs führt. Außerdem steigt das Körpergewicht je nach Ausgangsgehalt an Creatinphosphat vor der »Kur« – in sechs Wochen um bis zu fünf

Kilo. Die vermehrte Wassereinlagerung kann allerdings zu einem »schwammigen« Aussehen führen.

Es gibt aber Hinweise darauf, dass durch den erhöhten Wassergehalt in der Zelle auch die Rate der Proteinsynthese (Aufbau von Muskelprotein) steigt.

So dosieren Sie Creatin richtig

Zur Leistungssteigerung und zum Muskelaufbau empfiehlt sich in der Aufladephase folgende Dosierung:

- An den Tagen eins bis sechs viermal täglich 5 g mit Wasser oder vorzugsweise mit einem kohlenhydratreichen Getränk zwischen den Mahlzeiten einnehmen.

In der Haltephase wird wie folgt dosiert:

Creatin lässt die Muskulatur praller und härter aussehen.

- An den Tagen 7 bis 42 einmal täglich 3 g vorzugsweise mit einem kohlenhydratreichen Getränk nach dem Training oder morgens nach dem Aufstehen einnehmen. Anschließend eine Pause von vier Wochen einlegen.

Erfahrungsberichte zeigen, dass es bereits in den ersten Tagen der Einnahme zu einem deutlichen Anstieg der Muskelkraft und der Muskelmasse kommen kann.

Zur Behandlung von Cellulite empfiehlt es sich für den Zeitraum von sechs Wochen täglich 2–4 g Creatin, vorzugsweise nach dem Training oder am Morgen, mit viel Wasser einzunehmen. Prall gefüllte Zellen lassen die Haut glatter aussehen.

Kombination mit anderen Produkten

Creatin kann auch mit anderen Produkten kombiniert werden (siehe Zellvoluminizer,

---

Wichtige Hinweise zur Creatineinnahme

- *Koffein kann die Wirkung von Creatin beeinflussen. Eine geringe Zufuhr von Koffein durch ein bis zwei Tassen Kaffee ist allerdings unbedenklich.*
- *Wer zu Krämpfen neigt, sollte zusätzlich Magnesium (250 mg täglich) einnehmen.*
- *So genannte Non-Responder können den Wirkstoff Creatin nicht aufnehmen. Diese Personen haben bereits von Natur aus einen sehr hohen Creatinspeicher.*
- *Durch die gleichzeitige Zufuhr von Traubenzucker kann die Aufnahme von Creatin verbessert werden (nur zur Leistungssteigerung und Muskel-/Gewichtszunahme).*

Seite 122 ff.). Um den Verlust von Muskelsubstanz zu vermeiden, sollte man nach dem Training zusätzlich vier Tabletten BCAA (siehe Seite 54ff.) und einen Proteinshake einnehmen.

Beim Kauf auf Qualität achten

Kaufen Sie nur deutsche Qualitätsware. Andere Produkte, z. B. aus China, können Verunreinigungen enthalten. Generell ist Pulver billiger als Kapseln. Kapseln sind jedoch einfacher zu dosieren. Bei Kombiprodukten sollte man auf einen hohen Gehalt an Creatin achten.

Creatin sollte immer zwischen den Mahlzeiten mit einfachen Kohlenhydraten eingenommen werden.

Creatin gehört einfach dazu

Creatin gehört zu den besten Supplementen, die auf dem Markt sind, und sollte zur Grundausstaung jedes leistungsorientierten Kraftsportlers gehören. Diese Nahrungsergänzung ist so wirksam, dass immer wieder diskutiert wird, sie (fälschlicherweise) sogar als Dopingmittel einzustufen.

Creatinpyruvat – eine gute Verbindung

Wissenschaftlern ist es gelungen, die beiden hoch wirksamen Substanzen Creatin (siehe Seite 68ff.) und Pyruvat (siehe Seite 105ff.) zu einer höchst effektiven Verbindung zu verknüpfen. Die einzigartige Neuheit besteht darin, dass es sich nicht einfach um eine Mischung beider Substanzen handelt, sondern um eine Bindung im Molekül. Creatinpyruvat vereint die positiven Effekte von Creatin (Leistungssteigerung, Muskelwachstum) und Pyruvat (Fettabbau, Steigerung der Ausdauer) und verbessert diese sogar noch. Die neuartige Molekülverbindung wirkt stärker, da sie besser aufgenommen wird als die Einzelsubstanzen.

Pyruvat ist eine natürlich vorkommende Substanz, die sich in verschiedenen Nahrungsmitteln (besonders in bestimmten Arten von Obst und Gemüse) findet.

Nach der Einnahme wird das Creatinpyruvat von der Magensäure in die Ionenform von Creatin und Pyruvat aufgespalten. Beide Substanzen werden dann direkt in den Blutstrom eingeschleust, ohne dabei von der Leber beeinflusst zu werden. Durch diesen Resorptionsmechanismus verhindert man einen Aktivitätsverlust, da keine Leberkonvertierung stattfindet. Das Ergebnis zeigt gegenüber der Einnahme von Monosubstanzen ein um das fünf- bis zehnfache erhöhtes Wirkpotenzial. Um eine maximale Wirkung zu erzielen, muss also weitaus weniger Creatinpyruvat als Creatin und Pyruvat eingenommen werden.

Ein weiterer Vorteil ist, dass Creatinpyruvat keine Mineralien enthält, im Gegensatz zu herkömmlichen Pyruvatpräparaten, die einen hohen Salzgehalt haben. Mit der Einnahme von fünf Gramm Pyruvat werden gleichzeitig 1000 mg Natrium, Kalium oder Kalzium aufgenommen. Diese zusätzliche Natrium-Aufnahme kann zu einer Wasserspeicherung, insbesondere in Verbindung mit Creatinmonohydrat führen. Dieser unerwünschte Effekt bei der Einnahme von Creatinmonohydrat wird bei der Einnahme von Creatinpyruvat vermieden. Da es sich in der

Verbindung um die Reinform von Creatin, ohne die Verbindung mit Monohydrat handelt (Monohydratverbindungen speichern Wasser), ist eine Wasserspeicherung besonders unter der Haut ausgeschlossen.

Im Vergleich zu einer Supplementierung mit Creatinmonohydrat wurden mit Creatinpyruvat interessante Effekte dokumentiert. Es gibt Hinweise, dass es zu einer Verbesserung der Blutfettwerte, insbesondere der Triglyceride kommen kann. Um hier eine genauere Aussage machen zu können, sind allerdings noch weitere Studien nötig.

Zufuhrempfehlung für Creatinpyruvat

Über den Einnahmezeitraum von sechs Wochen sollten täglich fünf Gramm Creatinpyruvat eingenommen werden. Dies entspricht der Zufuhr von täglich etwa sieben Kapseln (pro Kapsel 700 mg Creatinpyruvat). Bewährt hat sich die Einnahme von drei Kapseln morgens zum Frühstück zusammen mit einem großen Glas Wasser und vier Kapseln zur letzten Mahlzeit vor dem Training. An trainingsfreien Tagen empfiehlt sich die zweite tägliche Einnahme zum Abendessen. Im Anschluss an die sechs »Creatinpyruvat-Wochen« sollte eine Einnahmepause von drei bis vier Wochen eingelegt werden.

Da Creatinpyruvat eine sehr saure Substanz ist, sollte es immer zu einer Mahlzeit eingenommen werden, um Sodbrennen zu vermeiden.

Worauf man beim Kauf achten sollte

Leider ist Creatinpyruvat in Deutschland nicht als Lebensmittel zugelassen. Hersteller und Vertreiber bemühen sich aber derzeit, eine Zulassung zu bekommen.

Creatinpyruvat – ein Produkt mit optimaler Wirkung

Durch die einzigartige Molekülverbindung können die positiven Effekte von Creatin und Pyruvat mit einem vorher nie da gewesenen Wirkpotenzial erreicht werden. Dieser Wirksynergismus macht Creatinpyruvat zum wahrscheinlich besten Supplement der heutigen Zeit.

Fitnessgetränke – optimale Durstlöscher

Dem sportlich Aktiven steht heute eine ganze Reihe unterschiedlicher Durstlöscher zur Verfügung. Jedoch sind nicht alle gleichermaßen geeignet, um für einen fitnessgerechten Flüssigkeitsnachschub und den Ersatz verloren gegangener Mineralstoffe zu sorgen. Wenig bzw. gar nicht empfehlenswert sind natürlich alkoholische, koffeinhaltige und stark gezuckerte Getränke. Denn Alkohol und Koffein regen konzentrationsabhängig die Nieren zur verstärkten Wasserausscheidung an. Hohe Zuckerkonzentrationen, wie sie in unverdünnten Säften und herkömmlichen Limonaden vorkommen, verzögern die Magenentleerung.

Fitnessgetränke schmecken gut und versorgen den Körper mit Flüssigkeit.

Je länger Sport getrieben wird, desto wichtiger ist es, dass ein Getränk den entstandenen Wasserverlust schnell ersetzt. Daher sollte der Kohlenhydratanteil insbesondere in Form von Trauben- oder Haushaltszucker nicht zu hoch sein. Geringe Mengen an Zucker und Natrium (Kochsalz) fördern dagegen die Geschwindigkeit der Flüssigkeitsaufnahme im Darm. Daher sollten die Produkte etwa zwei bis acht Prozent Zucker und etwas Natrium enthalten.

Wenn der sportliche Einsatz länger als eine Stunde dauert, sind zusätzlich Kohlenhydratzusätze im Getränk deswegen erwünscht, weil damit einem Abfall des Blutzuckerspiegels vorgebeugt wird. Als Kohlenhydrate, die die Magenentleerung günstig beeinflussen, empfehlen sich Maltodextrin und/oder spezielle lösliche Stärken. Bei diesen Kohlenhydraten kann die Konzentration auf 10 bis 15 Prozent angehoben werden.

An Mineralstoffen sollte ein wirklich gutes Fitnessgetränk auf jeden Fall Natrium sowie das Hochleistungselement Magnesium (siehe Seite 90f.) enthalten – eventuell auch Kalzium und Kalium.

In der Praxis eignen sich Fruchtsaftschorlen als gute, einfache und schmackhafte Durstlöscher (z. B. Apfel-, Trauben- oder Kirschsaft im Verhältnis eins zu zwei bis eins zu drei mit einem guten natrium- und magnesiumhaltigen Mineralwasser gemischt).

Eine bequeme und sichere Trinklösung sind auch verschiedene Fertiggetränke oder Getränkepulver mit niedrigem Kalorien- und günstigem Mineralstoffgehalt.

Unverdünnte Fruchtsäfte und süße Limonaden sind als Durstlöscher im Leistungssport ungeeignet.

Light-Fitnessgetränke

Light-Fitnessgetränke sind eine kalorienarme Alternative gegenüber herkömmlichen unverdünnten Fruchtsäften. Durch eine Anreicherung mit Mineralstoffen und Vitaminen können sie zusätzlich einen vermehrten Bedarf an diesen leistungsrelevanten Nährstoffen decken. Durch die niedrige Konzentration an Kohlenhydraten (hypoton) wird die verlorene Flüssigkeit schneller ersetzt als beispielsweise mit Fruchtsäften. Außerdem spart man Kalorien (siehe Tabelle).

Light-Fitnessgetränke, die im Studio häufig im Dispenser und in vielen verschiedenen Geschmacksrichtungen angeboten werden, sind praktisch für jeden Sportler als kalorienarme Durstlöscher geeignet. Häufig werden diese Produkte auch mit einem Zusatz von L-Carnitin (siehe Seite 59ff.) angeboten und sollen so das Fettverbrennungstraining unterstützen.

Light-Fitnessgetränke – eine gute Wahl

Vergleich des Kalorien- und Mikronährstoffgehalts von je 200 ml unverdünntem Apfelsaft und einem Light-Fitnessgetränk mit Apfelgeschmack:

Energie- und Nährwertgehalt	Apfelsaft	Light-Fitnessgetränk
Energie	114 kcal	36 kcal
Eiweiß	0,2 g	< 1 g
Kohlenhydrate	23 g	7 g
Fett	–	–
Kalzium	14 mg	60 mg
Phosphor	16 mg	60 mg
Magnesium	8 mg	25 mg
Vitamin B_1	0,04 mg	0,35 mg
Vitamin B_2	0,06 mg	0,45 mg
Vitamin B_6	0,1 mg	0,5 mg
Vitamin C	2 mg	23 mg
Vitamin E	–	3,5 mg

Isoton, hypoton und hyperton

Im Zusammenhang mit Fitnessgetränken fallen oft die Begriffe: isoton, hypoton und hyperton. Was ist damit eigentlich gemeint?

- Isoton bedeutet, das Getränk hat die gleiche Konzentration an gelösten Teilchen wie die Blutflüssigkeit. Es ersetzt verlorene Flüssigkeit im optimalen Verhältnis von Mineralstoffen und Kohlenhydraten und ist ideal für intensiv trainierende Sportler und bei lang andauernden Wettkampfeinsätzen.

- Hypoton bedeutet, dass das Getränk eine geringere Konzentration an gelösten Teilchen hat als isotonische Produkte. Hypotone Getränke werden schnell vom Körper aufgenommen und ersetzen verlorene Flüssigkeit. Im Gegensatz zu isotonischen Getränken liefern diese Produkte zwar nicht die optimale Konzentration an Kohlenhydraten und Mineralstoffen. Sie sind aber aufgrund ihres Kaloriengehalts der optimale Flüssigkeitsersatz für alle Sportler, die sich nicht bis zum Äußersten belasten und nicht sehr viel Flüssigkeit verlieren.

- Hyperton bedeutet, dass das Getränk eine höhere Konzentration an gelösten Teilchen hat als die Blutflüssigkeit. Es wird langsamer vom Körper aufgenommen, da es im Magen erst mit körpereigener Flüssigkeit verdünnt werden muss. Solche Getränke sind unverdünnte Säfte sowie die meisten Limonaden. Als Durstlöscher, die für einen raschen Wasserersatz sorgen, sind sie ungeeignet.

Isotonische Sportgetränke

Isotonische Getränke haben fast die gleiche Konzentration wie die Blutflüssigkeit. Sie sind für alle Sportler geeignet, die sich mindestens dreimal die Woche richtig »auspowern« und dabei viel Flüssigkeit verlieren. Um durch Flüssigkeitsmangel bedingte Kopfschmerzen oder Krämpfe zu vermeiden, sollten auch Sportler mit einem geringen Trainingspensum bei hohem Flüssigkeitsverlust (z. B. bei hohen Außentemperaturen) ihrem Körper isotonische Getränke zuführen. Denn je besser und schneller das Flüssigkeitsdefizit ausgeglichen wird, desto eher ist der Organismus in der Lage, wieder Höchstleistungen zu bringen. Die so oft als Sportgetränk angepriesene Saftschorle ist nur dann ein isotonisches Sportgetränk, wenn sie mit dem richtigen Mineralwasser und im richtigen Verhältnis von Wasser und Saft angemischt worden ist (siehe Seite 75). Handelsübliche, fertige Apfelsaftschorlen sind zum Teil mit mineralstoffarmem Wasser und einem für Sportler zu hohen Saftgehalt angemischt. Wer es optimal und einfach liebt, sollte daher auf ein isotonisches Fertiggetränk zurückgreifen oder sich seine Schorle selber mischen.

Dosierung von Fitnessgetränken

Eine Saftschorle im Verhältnis 1:3 hat ebenso wenig Kalorien wie ein Light-Fitnessgetränk. Sie enthält aber keine besonderen Zusätze, wie z. B. L-Carnitin.

Trinken Sie als schmackhaften Durstlöscher mindestens ein großes Glas (0,4 l) von einem Light-Fitnessgetränk pro 45 Minuten Sport, wenn möglich auf zwei bis drei Portionen verteilt. Diese Empfehlung gilt für alle Sportler.

Isotonische Getränke sollten bei hohem Flüssigkeitsverlust und bei sehr intensivem Ausdauertraining (mindestens dreimal die Woche) zusätzlich zum Light-Fitnessgetränk getrunken werden. Bewährt haben sich 0,5 l nach dem Training.

Worauf ist beim Kauf zu achten?

Durch das strenge deutsche Lebensmittelgesetz sind die Möglichkeiten der Beimischung spezieller Substanzen sehr begrenzt. Daher unterscheiden sich viele Light-Fitnessgetränke häufig nur im Geschmack. Wer durch ein Fitnessgetränk zusätzlich L-Carnitin zuführen möchte, sollte darauf achten, dass pro 0,5 l Fertiggetränk mindestens ein Gramm L-Carnitin enthalten ist. Eine geringere Dosierung bringt vermutlich nichts und macht das Getränk unnötig teuer.

Für die Herstellung von isotonischen Getränken gibt es verschiedene Verfahren. Achten Sie darauf, dass auf jeden Fall die Mineralstoffe Natrium, Magnesium und Kalzium enthalten sind. Getränke mit einem hohen Zuckergehalt sind chemisch gesehen zwar auch isotonisch, erfüllen aber nicht die Anforderungen an ein Sportgetränk.

Fitnessgetränke – Bestandteil des Trainingsplans

 Die ausreichende Flüssigkeitszufuhr ist immer ein wichtiger Bestandteil des Trainingserfolges. Wer keine Lust hat, beim Workout Wasser zu trinken, und ein schmackhaftes Sportgetränk bevorzugt, ist mit Light-Fitnessgetränken bestens versorgt. Isotonische Getränke sind vor allem für Sportler mit hohem Flüssigkeitsverlust bei lang andauernden Einsätzen zwecks raschem Wasserersatz zu empfehlen.

Fitness-Shakes für festes Bindegewebe

Kalorienreduzierte Diäten lassen den Körper schnell schlaff und faltig werden. Der Grund: Für eine knackige und straffe Figur braucht man festes Bindegewebe. Dies besteht aus kollagenem Eiweiß. Wenn dem Körper bei einer Diät zu wenig Kalorien zugeführt werden, verstoffwechselt er das eigene kollagene Eiweiß. Das Bindegewebe wird geschwächt, und der Körper wird schlaff.

Starkes Bindegewebe will gut ernährt sein

Besonders wichtig für festes Bindegewebe sind ausreichend Flüssigkeit, biologisch hochwertiges Eiweiß und Vitamin C. Außerdem enthalten Fitness-Shakes viele weitere wichtige Nährstoffe:

- Energiespendende Kohlenhydrate für ein gutes ressourcenschonendes Bodyworkout
- Vitamin E als Radikalenfänger für eine glatte Haut
- Vitamin B_1, B_2, B_6, B_{12} für den Stoffwechsel von Kohlenhydraten und Eiweiß
- Kalzium für Knochen und Gelenke
- L- Carnitin zum Transport von Fettsäuren

Fitness-Shakes werden einfach mit Milch angerührt. Trinken Sie am besten vor und nach jedem Training einen Shake.

Worauf man beim Kauf achten sollte

Achten Sie darauf, das die o. g. Substanzen enthalten sind. Wichtig sind mindestens 15 Prozent Eiweiß. Pro Portion müssen mindestens 75 mg Vitamin C und 200 mg L-Carnitin enthalten sein.

Fitnes-Shakes – ein echtes Erfolgsrezept

Fitness-Shakes wurden vorrangig für Frauen entwickelt. Doch keine Angst vor riesigen Muskelbergen! Diese Shakes enthalten genau das  richtige Verhältnis an Nährstoffen zur »Festigung« (Shaping) der Körperformung und Unterstützung des Trainings.

L-Glutamin – semi-essenzielle Aminosäure

L-Glutamin gehört unter normalen Stoffwechselumständen zu den nicht essenziellen Aminosäuren. Das bedeutet, der Körper kann selbst genügend L-Glutamin herstellen. In besonderen Situationen, wie z. B. Stress, Krankheit oder regelmäßigem Sport mit hoher Intensität, kann der Körper möglicherweise nicht genügend L-Glutamin zur Verfügung stellen. Bei einem Mangel muss die Substanz durch die Nahrung zugeführt werden. Daher wird L-Glutamin in Sportzeitschriften häufig als »semi-essenzielle Aminosäure« bezeichnet.

L-Glutamin kommt in bedeutenden Mengen in Weizeneiweiß vor, kann aber auch durch Nahrungsergänzungen aufgenommen werden.

Glutamin gibt den Muskeln durch Wassereinlagerung in den Zellen ein pralles Aussehen.

L-Glutamin sollte nicht mit Glutaminsäure verwechselt werden, deren bekanntes Salz Natriumglutamat als Geschmacksverstärker eingesetzt wird. Glutaminsäure ist ebenfalls eine nicht essenzielle Aminosäure, die im Gegensatz zu L-Glutamin vom Körper jederzeit in ausreichender Menge produziert werden kann.

Mit einer Konzentration von über 60 Prozent im Aminosäurenpool ist Glutamin sogar die Aminosäure, die im Körper in der höchsten Konzentration in freier Form vorkommt. Dabei macht L-Glutamin sechs bis sieben Prozent der kontraktilen Proteine, d. h. der in den Muskeln eingebauten Proteine, aus. Der Rest liegt frei im Gewebe vor.

Entgiftung des Körpers

Anders als andere Aminosäuren verfügt Glutamin über zwei Stickstoffatome. Dadurch kann Glutamin helfen, Ermüdungserscheinungen vorzubeugen. Wenn Proteine durch anstrengendes Krafttraining zur Energiegewinnung herangezogen werden, erhöht sich der Ammoniakspiegel. Ein Anstieg des Ammoniakspiegels wiederum führt zu Ermüdungserscheinungen und einer Hemmung der Energiebereitstellung. Ammoniak wird im Muskel aus den Aminogruppen der Proteine gebildet. Die frei werdenden Aminogruppen werden vom Glutamin gebunden und Ermüdungserscheinungen können verzögert werden.

Glutamin verhindert Übertraining

Untersuchungen haben ergeben, dass Athleten mit Übertrainingserscheinungen im Vergleich zu gesunden Kontrollsportlern einen geringeren Serumglutaminspiegel hatten. Durch diesen Umstand kann es zu einer Verschlechterung des Immunstatus kommen, da Glutamin einen wichtigen Brennstoff für die Zellen des Immunsystems darstellt (nach Williams, siehe Literaturverzeichnis). Weiterhin kommt es in Stress-Situationen zu einer vermehrten Produktion von Cortison. Dieses Hormon bewirkt u. a. eine Freisetzung von Glutamin aus der Muskulatur. Durch die Zufuhr von L-Glutamin kann Übertraining verhindert werden.

L-Glutamin schützt den Körper auf vielfältige Weise bei hohen Belastungen.

Stärkung des Immunsystems

Wissenschaftler folgerten aus den oben genannten Erkenntnissen, dass eine Glutaminzufuhr die Immunlage im Verlauf einer intensiven Trainingsperiode verbessern kann. In der Praxis wird sehr häufig beobachtet, dass Sportler während einer hochintensiven Trainingsphase (Wettkampfvorbereitung) kurz vor dem Wettkampf einen grippalen Effekt erleiden (nach Williams, siehe Literaturverzeichnis). Supplementierte Teilnehmer einer Studie berichteten dagegen über eine geringere Häufigkeit von Atemwegsinfektionen wie Bronchitis und Husten.

Erhöhte Zellhydratation

Für alle Sportler ist es von höchster Bedeutung, so viel Wasser wie nur irgend möglich in den Muskelzellen zu speichern. Denn je mehr Wasser in den Muskelzellen ist, desto besser läuft die Proteinsynthese (Aufbau von Körpereiweiß und damit auch von Muskulatur) ab. Verlieren die Muskelzellen Wasser, kommt es zu einem katabolen Zustand, und es wird vermehrt Stickstoff ausgeschieden. Durch die Einlagerung von Glutamin in den Muskelzellen kommt es zu einer Verschiebung des osmotischen Drucks, denn Wasser wandert immer zur höheren Konzentration. Die Folge ist eine vermehrte Wassereinspeicherung in den Muskelzellen.

Durch eine erhöhte Wasserspeicherung in der Muskelzelle wird die Proteinsynthese gesteigert.

Vermeidung von Heißhungerattacken

Bei kohlenhydratarmen Diäten verbrennt der Körper Proteine auch zur Energiegewinnung. L-Glutamin hat u. a. die Aufgabe, in solch einem Fall den Blutzuckerspiegel zu normalisieren. Dr. Atkins, der Erfinder der kohlenhydratarmen Diät, setzt daher zum besseren Durchhalten einer Diät L-Glutamin ein (Blanchard et al., siehe Literaturverzeichnis).

Zufuhrempfehlung für L-Glutamin

Über die erforderliche Menge an L-Glutamin gibt es unterschiedliche Auffassungen. Die Supplementierung reicht von 5–30 g täglich. Je nach Trainingsphase und Körpergewicht sollte die Zufuhr daher angepasst werden. Als mittlere Dosierung werden 10 g täglich für alle Anwendungsbereiche empfohlen. Der beste Zeitpunkt für die Einnahme ist direkt nach dem Training zusammen mit reichlich Kohlenhydraten, z. B. in Form eines Carbogetränks (siehe Seite 88).
Durch die Zufuhr von Kohlenhydraten produziert der Körper das Hormon Insulin. Durch Insulin wird L-Glutamin besser in die Muskelzel-

len aufgenommen. An trainingsfreien Tagen kann die Einnahme morgens oder direkt vor dem Schlafengehen erfolgen.

L-Glutamin kann auch mit anderen Nahrungsergänzungen kombiniert werden. Das beste Ergebnis erlangt man, wenn man L-Glutamin zusammen mit Creatin in einen Weight-Gainer-Shake (siehe Seite 119ff.) einrührt und direkt nach dem Training trinkt. Viele Bodybuilder haben die Befürchtung, dass die im Shake enthaltenen Kohlenhydrate in Fett umgewandelt werden. Wer aber gut trainiert hat, muss sich keine Sorgen machen, sondern wird von diesem Powershake sogar mit einem Muskelwachstum belohnt.

Worauf man beim Glutaminkauf achten sollte

Zurzeit sind zwei Formen von L-Glutamin als Supplement erhältlich: Reines L-Glutamin und so genanntes Glutaminpeptid. Dieses Peptid besteht in den meisten Fällen bis zu 30 Prozent aus Glutamin. Der Rest ist Alanin. Das bedeutet, man müsste etwa die dreifache Menge an Glutaminpeptid aufnehmen, um die gleiche Dosis wie mit reinem Glutamin zu erreichen. Der Vorteil: Glutaminpeptid wird vom Körper besser aufgenommen und ist in Getränken stabil. Reines L-Glutamin in Pulverform dagegen ist zwar billig, aber instabil. Getränke, die mit reinem L-Glutamin angerührt wurden, sollten daher sofort getrunken werden. Außerdem gibt es Glutamin-Kapseln, die eine gute Alternative darstellen.

Bei Ausdauersportlern bewirkt L-Glutamin eine Stärkung des Immunsystems und verhindert ein Übertraining. Beim Kraftsportler bewirkt es zusätzlich eine Steigerung der Proteinsynthese und Zellhydratation.

L-Glutamin – bewährt und wirksam

Zum Thema L-Glutamin gibt es eigentlich nur positive Studienergebnisse. Sportler, die anfällig für Infekte sind oder ihre Muskelmasse erhöhen möchten, sollten L-Glutamin auf jeden Fall in ihre Grundausstattung aufnehmen.

Glycerin für mehr Zellvolumen

Bei dem Begriff Glycerin denken viele spontan an den Sprengstoff Nitro-Glycerin. Der dreiwertige Alkohol Glycerin hat damit aber nichts zu tun. Er kann jedoch für das Erscheinungsbild des Bodybuilders eine ähnlich »explosive« Wirkung haben, denn er erhöht den Hydratationsgrad der Zelle. Der Hydratationsgrad wiederum bestimmt die Höhe des Zellvolumens. Je größer das Zellvolumen, desto mehr Wasser kann in der Zelle gespeichert werden. Für den Ausdauersportler bedeutet das, dass mehr Wasser im Körper gespeichert und die Länge der sportlichen Höchstleistung vor allem bei hohen Temperaturen erhöht wird (nach Braumann et. al, siehe Literaturverzeichnis). Es ist seit langem bekannt, dass bereits ein geringer Flüssigkeitsverlust eine Leistungsminderung zur Folge haben kann, was durch die Zufuhr von Glycerin vermieden werden kann. Glycerin ist im Ausdauersport bis jetzt nur bei den Topathleten bekannt.

Glycerin hat keine direkte leistungssteigernde Wirkung, denn es würde zu lange dauern, bis der Körper aus Glycerin Kohlenhydrate herstellt.

Aber auch Bodybuilder, die bei einem Wettkampf möglichst »prall« und nicht schwammig aussehen wollen, sollten Glycerin einmal ausprobieren. Denn das »pralle« Aussehen wird nur dann erreicht, wenn genügend Wasser innerhalb der Zellen und nicht nur unter der Haut gespeichert wird. Zwar gibt es noch keine wissenschaftlichen Daten über die maximale Wasserspeicherung der Zellen durch Glycerin, doch hat sich das Supplement in der Praxis bewährt.

So sollte man Glycerin dosieren

Im Ausdauersport mischt man 50 g Glycerin mit 1 l Wasser und trinkt die Mischung bereits am Vorabend und am Morgen des Wettkampftages. Im Bodybuilding beträgt das Mischverhältnis 1:8 bis 1:10. Das bedeutet, man sollte etwa 100 g Glycerin mit 1 l Wasser mischen und ein bis zwei Stunden vor dem Auftritt trinken.

Worauf man beim Kauf achten sollte

In Deutschland gibt es bisher nur wenige Anbieter von Glycerinpro-
dukten. Das Problem ist, eine schmackhafte Variante herzustellen.
Da Glycerin sehr süß ist und einen brandigen Nachgeschmack hat,
findet es wenig Akzeptanz. Für alle Sportler, denen Leistung wichtiger
ist als Geschmack, ist dennoch der Gang in die Apotheke empfohlen.
Dort gibt es für wenig Geld 90-prozentiges Glycerin zum Einreiben
der Haut, das verdünnt ohne Probleme getrunken werden kann.

Allgemeine Bewertung

Im Ausdauersport ist Glycerin bis jetzt nur bei den Topathleten bekannt. Doch jeder Ausdauersportler sollte es besonders bei
heißen Temperaturen probieren. Beim oben genannten
Mischverhältnis sollten keine Nebenwirkungen zu befürchten sein. Vorsicht: Trinkt man zu viel Glycerin, kann es zu
Durchfall kommen!

Bodybuilder, die einmal »explodieren« wollen, sollten Glycerin auf jeden Fall testen.

HMB zur Steigerung der Muskelmasse?

Die Substanz HMB (Beta-hydroxy-beta-Methylbutyrat) ist ein Abbau-produkt der essenziellen Aminosäure Leucin (siehe BCAA Seite 54ff.). Im Tierversuch zeigte sich, dass HMB die Zunahme von Muskelmasse und den Abbau von Körperfett positiv beeinflusst. In anderen Studien

Eine höhere Dosierung als 3 g am Tag bringt keinen weiteren Nutzen (nach Gallagher et al., siehe Literaturverzeichnis).

wurden diese positiven Effekte für den Menschen bestätigt (vor allem bei untrainierten und älteren Personen). Durch die tägliche Gabe von 3 g HMB konnte eine Zunahme von 0,5 kg Muskelmasse während des Studienzeitraumes nachgewiesen werden.
Über die Wirkung von HMB bei trainierten Sportlern gibt es bis heute aber keine aussagekräftigen Ergebnisse. In einer Studie, die von Dr. Richard Kreider (siehe Literatur-verzeichnis) durchgeführt wurde, erhielten 40 Footballspieler täglich 3 g HMB pro Tag. Nach einem Monat zeigten sich jedoch keine signifikanten Veränderungen in Bezug auf Muskelmasse, Körperfettgehalt oder Muskelkraft.

Zufuhrempfehlung

Während einer kohlenhydratarmen Diät könnte HMB in einer Dosierung von maximal 3 g einen antikatabolen Effekt besitzen. Wettkampfathleten berichten von einer besseren Wirkung, wenn HMB zwischen den Mahlzeiten eingenommen wird.

HMB-Supplementierung – Sinn oder Unsinn?

 Für eine Einnahme von HMB bei trainierten Sportlern in der Aufbauphase sind bisher keine positiven Ergebnisse nachgewiesen worden. Da HMB sehr teuer ist, rechtlich als Arzneimittel eingestuft wird und eventuelle Nebenwirkungen nicht ausreichend erforscht sind, können wir Sportlern nicht zum Eigenversuch raten.

Kohlenhydratkonzentrate

Kohlenhydrate stellen die wichtigste Energiequelle für alle Sportler dar. Außerdem fördern sie die Regeneration und schützen bei starker Beanspruchung körpereigenes Eiweiß vor dem Abbau. In mehreren groß angelegten Untersuchungen wurde herausgefunden, dass der überwiegende Teil der Bevölkerung zu wenig Kohlenhydrate mit der täglichen Ernährung aufnimmt. Für Sportler werden 5–6 g pro Kilogramm Körpergewicht und Tag oder 55 bis 60 Prozent der aufgenommenen Energie in Form von Kohlenhydraten empfohlen. Durchschnittlich werden aber nur 45 Prozent Energie durch Kohlenhydratverzehr gedeckt.

Beispiel: Ein Sportler mit einem Körpergewicht von 80 kg hat einen Bedarf von 400–480 g Kohlenhydrate täglich. Gemessen an der durchschnittlichen Kohlenhydrataufnahme müsste er seine Kohlenhydratzufuhr um mindestens 100 Gramm aufstocken.

Kohlenhydratkonzentrate sind ideal für alle Sportler, die ein gutes Workout absolvieren möchten.

Auf dem Markt befindliche Produkte

Kohlenhydratkonzentrate werden im Handel in verschiedenen Formen angeboten:

1. Maltodextrinkonzentrate: die Substanz Maltodextrin ist ein Stärkeabbauprodukt, das im Vergleich zu Zucker die Magenentleerung auch bei einer Konzentration von 10 bis 15 Prozent nicht verzögert. Es kann daher bei längeren Belastungen in Getränken sehr gut zur Stabilisierung des Blutzuckerspiegels eingesetzt werden. Maltodextrin ist geschmacksneutral und gut löslich. Es eignet sich auch hervorragend zur Kohlenhydratanreicherung von verschiedenen Speisen. Maltodextrinprodukte werden zum Teil mit Vitamin B_1 (wichtig für die Kohlenhydratenergiegewinnung) und mit Magnesium kombiniert.

2. Carbogetränke: Diese Getränke sind sehr praktisch, da man sie sofort trinken kann und nicht erst umständlich anmischen muss. Carbogetränke enthalten zirka 100 g Kohlenhydrate pro Flasche und decken damit das oben aufgezeigte Defizit an Kohlenhydraten. Auch hier können durch die richtige Auswahl der Kohlenhydratkomponente die Magenentleerung und Energiebereitstellung günstig beeinflusst werden.

3. Fitnessriegel mit hohem Kohlenhydratanteil: Als schmackhafter und fettarmer Snack bieten Fitnessriegel eine gute Alternative gegenüber herkömmlichen Schokoriegeln. (Weitere Informationen zu Sportlerriegeln finden Sie auf Seite 114ff.)

4. Weight Gainer mit hohem Kohlenhydratanteil: Vor allem so genannte Mega Gainer haben einen sehr hohen Anteil an Kohlenhydraten und liefern zusätzlich noch große Mengen Protein, Vitamine und Mineralstoffe. (Weitere Informationen zu Weight Gainern finden Sie auf Seite 119ff.)

Dosierung von Kohlenhydratkonzentraten

Durch die Kohlenhydratkonzentrate soll ein Defizit an Kohlenhydraten aus der normalen Ernährung ausgeglichen werden, um einen sportlichen Erfolg zu gewährleisten. Dieses Defizit kann je nach Körpergewicht und Basisernährung etwa 100–200 g Kohlenhydrate pro Tag betragen. Für die verschiedenen Produkte ergeben sich folgende Dosierungsempfehlungen:

- Maltodextrinkonzentrate: Eine Portion dieses »Energypräparates« entspricht etwa 75 g (fünf gehäufte Esslöffel). Täglich sollten ein bis zwei Portionen zugeführt werden – z. B. eingerührt in ein Sportgetränk.
- Carbodrinks: Eine Flasche enthält zirka 100 g Kohlenhydrate. Trinken Sie vor dem Training eine halbe Flasche und während des Sports den Rest.

- Fitnessriegel: Ein Riegel enthält zirka 20 g Kohlenhydrate. Eine besondere Empfehlung gibt es nicht. Fitnessriegel können jederzeit nach Bedarf oder Hunger verzehrt werden.
- Weight Gainer: Eine Portion Mega Gainer enthält zirka 100–150 g Kohlenhydrate und kann vor und nach dem Training eine Mahlzeit ersetzen.

Worauf man beim Kauf achten sollte

Maltodextrinkonzentrate sollten mit Vitamin B_1 und Magnesium angereichert sein. Carbogetränke sind sehr praktisch, da sie schon trinkfertig sind. Sie sollten aus einem speziellen Glukosesirup hergestellt sein und zirka 100 g Kohlenhydrate pro Flasche enthalten. Wenn man Riegel für die Kohlenhydratzufuhr nutzen möchte, muss man darauf achten, keine »Powerriegel« mit einem Eiweißgehalt von über 25 Prozent zu kaufen. Empfehlungen zu Weight Gainern finden Sie auf Seite 119ff.

Kohlenhydrate sind unsere wichtigste Energiequelle. Achten Sie daher auf einen hohen Kohlenhydratanteil in ihrer Ernährung.

Allgemeine Bewertung von Kohlenhydratkonzentraten

Jeder, der sportliche Höchstleistung bringen will, sollte zunächst versuchen, den Kohlenhydratanteil in seiner Basisernährung durch vermehrten Verzehr von Getreideprodukten, insbesondere Reis oder Nudeln, sowie durch mehr Obst anzuheben. Aufgrund des großen Nahrungsvolumens kohlenhydratreicher Lebensmittel und Speisen sind der Kohlenhydratzufuhr durch die normale Ernährung bei hohem Energieumsatz natürliche Grenzen gesetzt. Ab einem Energieverbrauch von etwa 3000 kcal erleichtern daher Kohlenhydratkonzentrate die Erreichung des notwendigen Kohlenhydrat-Solls.

Magnesium – das Hochleistungselement

Magnesium steht an vierter Stelle des Gesamtgehalts aller Mineralstoffe im Körper. Es ist ein lebensnotwendiger Mineralstoff, der wie Kalzium und Phosphor am Knochenaufbau beteiligt ist und eine wichtige Rolle bei der Nerven- und Muskelfunktion spielt. Die eigentliche Hauptaufgabe von Magnesium ist die Aktivierung nahezu aller Enzyme, die im Energiestoffwechsel, aber auch bei der Proteinsynthese (Aufbau von Muskelgewebe) von Bedeutung sind. Es sind über 300 Enzyme bekannt, die Magnesium zur Aktivierung benötigen. Herauszustellen ist auch die Rolle von Magnesium beim Zusammenspiel von Nerven und Muskeln, d. h. bei der Erregungsübertragung vom Nerv auf den Muskel und bei der Muskelkontraktion. Magnesium ist der »Gegenspieler« des Kalziums. Kalzium aktiviert die Muskulatur, Magnesium entspannt sie. Fehlt Magnesium, wird die Kontraktion heftiger, der Muskel zuckt oder krampft. Sportlich Aktive berichten häufig von Muskelkrämpfen beim Training oder – noch unangenehmer – von Wadenkrämpfen in der Nacht. In den meisten Fällen ist dies auf einen Magnesiummangel zurückzuführen.

Magnesium ist besonders wichtig für stressbelastete und sportlich aktive Menschen sowie für all jene, die bereits zu Muskelverkrampfungen neigen.

Magnesium bewirkt neben der Entkrampfung auch eine physiologische Entspannung. Es führt jedoch bei normaler Dosierung nicht zu Tagesmüdigkeit. Magnesium ist also der ideale »Stoßdämpfer« bei Stress. Auch bei hohem Blutdruck kann sich Magnesium günstig auswirken. Eine einseitige Ernährung mit wenig pflanzlichen Lebensmitteln, wie Vollkornprodukte, Gemüse und Hülsenfrüchte, sowie reichlicher Alkoholkonsum können zu einem Magnesiummangel führen. Eine gute Magnesiumquelle sind Mineralwasser mit einem Magnesiumanteil von 100 mg und mehr pro Liter (auf das Etikett achten!) oder hochwertige Magnesiumpräparate.

Wie viel Magnesium sollte man einnehmen?

Die Zufuhrempfehlung für Magnesium beträgt für Frauen 300 mg und für Männer 350 mg pro Tag. Mit der durchschnittlichen Ernährung werden etwa 300 mg pro Tag aufgenommen. Bei sportlich Aktiven kann die Magnesiumzufuhr insbesondere unter Leistungssportbedingungen bis zum Doppelten der empfohlenen Menge für Nichtsportler erhöht werden. Eine Nahrungsergänzung im Bereich von 250 mg bis 350 mg dürfte in den meisten Fällen ausreichend sein. Falls Veränderungen im Stuhl (sehr weiche Konsistenz) auftreten, ist dies bereits ein Zeichen dafür, dass die Zufuhr mehr als ausreichend ist. Da Magnesium in hoher Dosierung abführend wirken kann, sollte man in der Wettkampfsituation nicht plötzlich die Dosierung erhöhen oder erst dann mit einer Magnesiumeinnahme beginnen. Der beste Zeitpunkt für eine moderate Magnesiumnahrungsergänzung ist daher die Trainingsphase.

Die Zufuhr von Magnesium empfiehlt sich besonders zur Vorbeugung von Muskelkrämpfen, zur allgemeinen Entspannung bei Stress und zur Sicherstellung von Enzymaktivitäten.

Was man beim Kauf beachten sollte

Magnesium ist mittlerweile schon so bekannt wie Vitamin C. Dementsprechend gibt es unzählige Produkte auf dem Markt. Die Preise reichen von 1 bis 25 Euro pro Packung – bei gleicher Inhaltsmenge! Achten Sie beim Kauf darauf, dass Magnesiumgluconat, Magnesiumcitrat oder Magnesiumaspartat enthalten ist.
Die meisten Produkte enthalten jedoch Magnesiumcarbonat und sind daher sehr billig. Die Absorption (Ausnutzung für den Körper) von Magnesiumcarbonat ist aber geringer als die der oben genannten Verbindungen. Eine Mehrausgabe macht sich deshalb bezahlt.

Magnesium muss sein!

Magnesium ist das Basismineral für alle Ausdauersportler und Muskelenthusiasten im intensiven Kraftaufbautraining.

Prohormone – sinnvoll oder gefährlich?

Prohormone sind Vorstufen körpereigener Hormone. Die Werbung verspricht bei der Einnahme dieser Produkte eine verstärkte Hormonproduktion ohne Nebenwirkungen. Zwar wurde in verschiedenen Studien festgestellt, dass Prohormone zu vermehrtem Muskelwachstum führen können, doch überwiegen die negativen Forschungsergebnisse.

Studien beweisen: Prohormone sind nicht sicher

Zahlreiche Untersuchungen kommen zu dem Ergebnis, dass es bei einer Prohormongabe nur zu einem kurzzeitigen Testosteronanstieg für die Dauer von 90 bis 120 Minuten kommt. Diese kurze Hormonausschüttung kann keinen Kraft- oder Muskelzuwachs bringen.

Das bekannteste Prohormonprodukt bzw. der geläufigste Wirkstoff ist das Androstendion.

Außerdem steigt die Produktion von Östrogen und des Dihydrotestosterons (DHT) an. Ein erhöhter Östrogenspiegel führt beim Bodybuilder zu einem verstärkten Körperfettansatz. Hohe DHT-Werte gelten als Auslöser für Haarausfall. In den Studien wurde außerdem ein Rückgang des »guten« Cholesterins HDL belegt, was rechnerisch zu einer um 10 bis 15 Prozent reduzierten Lebenserwartung führen kann.

Allgemeine Bewertung – nicht empfehlenswert!

Viele Sportler denken, dass es sich bei Prohormonen um legale Substanzen handelt, da sie häufig im Sportstudio verkauft werden (aber vorwiegend unter dem Ladentisch!). Und man kann die Mittel über das Internet aus dem Ausland beziehen. Lassen Sie sich nicht täuschen! Bei Prohormonsupplementen handelt es sich um nicht zugelassene Medikamente. Zudem stehen diese Substanzen auf der Dopingliste und der Vertrieb solcher Mittel ist strafbar! Importierte Produkte werden vom Zoll beschlagnahmt. Aus gesundheitlichen und strafrechtlichen Gründen wird von der Verwendung ausdrücklich abgeraten!

Proteinkonzentrate – Basis des Erfolgs

Einst war es das legendäre Sportlersteak, doch auch heute noch ist der Proteinmythos zumindest im Zusammenhang mit Kraftaufbautraining und Bodybuilding (fast) ungebrochen. Was die Höhe der Proteinzufuhrempfehlungen im Kraftsport betrifft, so normalisieren sich jedoch die empfohlenen Mengen auf ein vernünftiges Maß von 1,5–2,0 g pro Kilogramm Körpergewicht.

Den Wunsch nach genügend Nahrungsprotein kann man einerseits mit eiweißreichen Lebensmitteln wie Fleisch, Quark, Fisch und Ei verwirklichen, andererseits bieten Proteinkonzentrate – zumindest als Teilersatz herkömmlicher proteinreicher Lebensmittel – nicht zu unterschätzende Vorteile:

Eiweißreiche Lebensmittel versorgen uns mit Protein, das die Bausubstanz für Muskeln, Bindegewebe, Haut, Haare, Nägel und Enzyme ist.

1. Geringer Fettanteil
2. Cholesterin- und purinarm
3. Lange Haltbarkeit

4. Häufiger Zusatz von wichtigen Vitaminen und Mineralstoffen
5. Einfache und schnelle Zubereitung
6. Abwechslungsreich
7. Hohe biologische Wertigkeit
8. Leicht verdaulich
9. Preisgünstiger als beispielsweise hochwertiges Fleisch

Die gängigsten Proteinkonzentrate sind:
- Milchproteinkonzentrate
- Milch- und Eiproteinkonzentrate
- Molkeeiweißkonzentrate
- Sojaproteinkonzentrate (Isolate)
- Kombinationsprodukte aus den o. g. Komponenten
- Hydrolysat aus kollagenem Eiweiß
- Complete Sports Drinks

Was ist die biologische Wertigkeit?

Der Begriff biologische Wertigkeit wird im Zusammenhang mit allen Proteinkonzentraten genannt und gilt für die meisten Sportler als wichtigster Aspekt bei der Wahl eines Proteinkonzentrates. Hersteller von Proteinkonzentraten nutzen die Angabe der biologischen Wertigkeit daher gerne als wichtiges Verkaufsargument.

> **Bausubstanz Eiweiß – Kohlenhydrate liefern Trainingsenergie**
>
> *Immer mehr Trainierende wissen, dass die Energie zur Absolvierung eines intensiven Workouts aus Kohlenhydraten stammt, und setzen diese Erkenntnis auch in die Praxis um. Erfolgreiche Athleten führen nicht nur ausreichend Protein, sondern auch Kohlenhydrate (Konzentrate) zu. Nur bei ausreichender Kohlenhydratversorgung kann ein Proteinshake als Bausubstanz dienen. Ansonsten wird er als Energie verbrannt.*

Die biologische Wertigkeit ist eine dimensionslose Zahl. Sie gibt an, wie hochwertig das jeweilige Protein für den menschlichen Organismus ist. Je höher der Gehalt der essenziellen (lebensnotwendigen) Aminosäuren in einem Protein ist, desto mehr Nahrungseiweiß kann in Körpereiweiß umgebaut werden.

Die Bestimmung der biologischen Wertigkeit ist der Versuch einer Messung, wie effektiv das zugeführte Protein vom Körper verwertet wird (Aufbau von Muskelsubstanz).

Dazu verabreichen Wissenschaftler eine bestimmte Menge Protein und ermitteln dann die Stickstoffaufnahme (Hauptbestandteil des Proteins) gegenüber der Stickstoffausscheidung. Nach einem Wissenschaftler namens Thomas wird die biologische Wertigkeit mit der folgenden Gleichung berechnet (N = Stickstoff):

$$\text{Biologische Wertigkeit} = \frac{\text{retinierte N-Menge}}{\text{absorbierte N-Menge}} \times 100$$

Die Gleichung sagt aus, wie viel Gramm Körpereiweiß durch 100 g aufgenommenes Nahrungsprotein ersetzt bzw. aufgebaut werden kann. Nach der Gleichung von Thomas sind Werte über 100 nicht möglich! Denn wenn die biologische Wertigkeit über 100 läge, würde dies bedeuten, dass mehr Protein aufgebaut als aufgenommen worden wäre.

Viele Hersteller werben mit einer biologischen Wertigkeit von über 100. Nimmt man z. B. eine Wertigkeit von 124 bis 136, wie sie oft in Werbeanzeigen angegeben wird, würde dies nach Thomas bedeuten, das aus 100 g des Produkts 124–136 g Körpereiweiß aufgebaut werden könnten. Das wäre Zauberei! In den meisten Fällen handelt es sich bei diesen Werten jedoch um den Chemical Score (CS). Wird dies nicht angegeben, stammt das Produkt von einem unseriösen Anbieter.

Es gibt viele mathematische Formeln zur Berechnung der Eiweißqualität. Daher sind Werte über 100 möglich. Seriöse Anbieter geben aber nur einen Wert von maximal 100 an.

Chemical Score

Der so genannte Chemical Score gibt die Aktivität von Aminosäuren im Körper an. Zur Berechnung des Chemical Score wird die Aminosäurenbilanz eines Referenzproteins der FAO-WHO (Nahrungs- und Landwirtschaftsorganisation der Weltgesundheitsorganisation) mit dem jeweiligen Proteinmuster verglichen. Das FAO-WHO-Protein stellt sozusagen einen Standard für die menschliche Ernährung dar. Über die limitierende Aminosäure (Aminosäure mit dem geringsten Gehalt) wird der Chemical Score berechnet.

Beispiel: Das Referenzprotein gibt für die Aminosäure L-Valin einen Wert von 5,0 g pro 100 g Protein vor. Bei einen Lactalbuminkonzentrat ist dies die limitierende Aminosäure mit einem Wert von 6,8 g pro 100 g Protein. Das bedeutet 6,8 g sind 36 Prozent mehr als die empfohlenen 5,0 g der Weltgesundheitsorganisation. So können unseriöse Anbieter eine biologische Wertigkeit von 136 ausloben, weil sie absichtlich beide Werte verwechseln. Korrekte Anbieter würden das Referenzprotein inklusive limitierende Aminosäure angeben und mit einem Chemical Score von 136 werben. Dieses wird aber in den meisten Fällen nicht getan.

Mithilfe des Chemical Score lässt sich die Eiweißqualität bestimmen.

Molkeprotein (Whey)

Auf vielen Molkeproteinprodukten findet sich die Bezeichnung Whey. Das Wort kommt aus dem englischen und bedeutet Molkeprotein. Molkeprotein wird in Fitnessmagazinen und in der Produktwerbung als das beste und biologisch hochwertigste Protein für Sportler beschrieben. Doch es gibt gravierende Unterschiede bei den erhältlichen Molkeproteinkonzentraten.

Bis vor 10 Jahren gab es nur ionengetauschte denaturierte Laktalbuminkonzentrate. Hier wurde mithilfe von Klebeharzen das Molkeprotein vom Milchzucker (Laktose) getrennt. Der große Nachteil dieser Produkte war die veränderte Struktur der Proteine (unvollständig) und der hohe Anteil an Milchzucker. Für Sportler, die keine Probleme mit einer Laktoseintoleranz haben, ist dies zwar kein allzu großes Problem. Doch die meisten Sportler wollen trotzdem ein reines Protein ohne Milchzucker.

Beim Kauf von Molkeproteinen sollte man deshalb darauf achten, die neueste Produktgeneration zu wählen. Hierbei handelt es sich um so genannte Cross Flow Microfiltrated (CFM) Molkeproteinisolate. Durch die Endung »Isolat« kann man erkennen, dass es sich um eine reine Proteinquelle mit einen Proteinanteil von über 90 Prozent in der Trockenmasse handelt. Der Fett- und Milchzuckeranteil ist sehr niedrig, er liegt bei unter einem Prozent.

Beim CFM-Verfahren werden keine Klebeharze eingesetzt, das Protein behält seine natürliche Struktur und kann so vom Körper optimal aufgenommen werden. Durch dieses neuartige Verfahren enthält das Protein über 45 Prozent essenzielle Aminosäuren, wovon 25 Prozent aus BCAA (siehe Seite 54ff.) bestehen. Einzigartig ist außerdem, dass es bis zu zehn Prozent Immunglobuline enthält. Diese Immunglobuline unterstützen auf natürliche Weise das Immunsystem.

Besonders in den USA wird dieses Molkeprotein als das beste Eiweiß für den Sportler gehandelt. Neben seiner physiologisch hochwertigen Zusammensetzung bietet es eine sehr gute Löslichkeit (klumpt nicht und wird nicht dick) und wird innerhalb von 90 Minuten vom Körper aufgenommen.

> **Praxistipp**
>
> *Aufgrund der guten Löslichkeit und der Tatsache, dass CFM nicht dick wird, rühren sich viele Kraftsportler morgens etwa 1,5 l Shake und trinken diesen über den Tag verteilt. Das selbst angemischte Getränk ist billiger als ein Fertigdrink aus der Flasche.*

Gerade Wettkampf-bodybuilder profitieren von Molkeproteinen.

Genau wie bei den Kohlenhydraten gibt es bei den Proteinen unterschiedliche Resorptionszeiten. Molkeprotein wird viel schneller vom Körper aufgenommen als Milchprotein. Dies liegt an der guten Löslichkeit und daran, dass Molkeprotein im Gegensatz zu Milchprotein im Magendarmtrakt nicht gerinnt.

Vor allem Bodybuilder, die sechs Mahlzeiten am Tag verzehren, profitieren vom schnellen Molkeprotein. Denn für diese Athleten kommt es darauf an, jederzeit einen anabolen Stoffwechsel zu schaffen. Nur durch einen gleich bleibend hohen Aminosäurenspiegel ist maximaler Muskelaufbau möglich. Durch Molkeprotein kommt es zu einem raschen und hohen Anstieg der Aminosäuren, dem aber anschließend ein rapider Abfall folgt. Molkeproteine sollten daher vor allem bei akuten Mangelsituationen zugeführt werden. Hier zwei klassische Beispiele:

● Morgens nach dem Aufstehen liegt ein besonders niedriger Aminosäurenspiegel vor, da während der Nacht keine Proteine zugeführt wurden. Damit es nicht zu einer katabolen Stoffwechsellage kommt, ist jetzt eine rasche Versorgung mit schnell verfügbaren Aminosäuren nötig.

● Durch anstrengendes Training kann es zum Abbau von Muskelproteinen kommen. Um dies zu verhindern, sollten der Muskulatur schnell verfügbare Aminosäuren zugeführt werden.

Da Molkeprotein so schnell verstoffwechselt wird, werden nur für maximal drei Stunden Aminosäuren durch Molkeprotein bereitgestellt. Wer also nur dreimal am Tag isst und ein Proteinkonzentrat zur Deckung seines Proteinbedarfs nutzen möchte, der sollte lieber ein Konzentrat auf Milcheiweißbasis verwenden.

Wissenswertes zu Molkeproteinen auf einen Blick

- *Achten Sie bei Molkeproteinkonzentraten darauf, dass es sich um Isolate handelt.*
- *Optimaler Einnahmezeitpunkt ist morgens nach dem Aufstehen und direkt nach dem Training.*
- *Wettkampfbodybuilder oder Personen, die gerade eine Diät machen, mixen Molkeproteine in kalorienreduzierte Fruchtsaftgetränke oder in Light-Fitnessgetränke (siehe Seite 74ff.), um Kalorien aus Kohlenhydraten zu sparen.*
- *Eine Portion oder ein Shake sollte maximal aus 30 g Protein bestehen, da ein Zuviel an Molkeprotein als Energie verstoffwechselt werden kann und dann nicht mehr als Bausubstanz zur Verfügung steht. Wissenschaftler haben diese Tatsache anhand der so genannten Protein Utilization Efficiency (PUE) berechnet. Dies gilt als Maß für die Verwertung von Proteinen. Je niedriger die PUE, desto höher ist die Wahrscheinlichkeit, dass Protein als Energie verstoffwechselt wird. Molkeprotein hat eine PUE von 66 und Milchprotein von 76, da es langsamer vom Körper aufgenommen wird.*

Milchproteinkonzentrate

In Milchproteinkonzentraten werden häufig verschiedene Caseinate eingesetzt. Casein ist die größte Fraktion (Bestandteil) der Milchproteine. Da die biologische Wertigkeit von Casein nur bei etwa 70 liegt, sollte man beim Kauf eines Milchproteinkonzentrates darauf achten, dass außerdem Eiprotein (Albumin) zugesetzt worden ist. Durch den Zusatz von Eiprotein wird die Aminosäurenbilanz aufgewertet, sodass sich eine biologische Wertigkeit von 100 ergibt. Eiprotein enthält einen großen Anteil an schwefligen Aminosäuren, die dem Casein fehlen. Milchproteinkonzentrate enthalten immer einen kleinen Anteil an Milchzucker (etwa drei Prozent). Personen

mit Laktoseintoleranz müssen daher ausprobieren, wo ihre Verträglichkeitsschwelle liegt. Der Fettanteil ist bei modernen Konzentraten sehr gering.

Im Gegensatz zu Molkeprotein handelt es sich beim Milchprotein um ein »langsames« Protein. Da das Casein im Magen gerinnt, kommt es zu einem geringeren, langsameren und dauerhafteren Auftreten von Aminosäuren im Plasma (time released).

Der entscheidende Punkt ist, dass Casein Proteinabbauvorgänge im Körper reduziert. Durch den Verzehr von Casein kommt es so zu einem besseren Netto-Proteinhaushalt als bei Molkeprotein.

Besonders Sportler, die nicht alle zwei bis drei Stunden essen können oder wollen, profitieren von Casein. Wie bereits im Absatz über Molkeprotein beschrieben, löst sich Casein schlechter und dickt im Glas nach kurzer Zeit an. Im Magen-Darm-Trakt gerinnt Casein und bildet ein »Gel«. Dieses verhindert eine schnelle Aufspaltung in Aminosäuren. Dementsprechend kann Casein den Organismus bis zu sieben Stunden mit Aminosäuren versorgen, ohne ihn zu belasten. Besonders vor dem Schlafengehen ist ein Caseindrink also vorteilhaft, weil nachts Regenerations- und Wachstumsprozesse stattfinden, die durch Casein unterstützt werden.

Wissenswertes zu Milchproteinen auf einen Blick

- *Achten Sie beim Kauf darauf, dass es sich um ein deutsches Produkt handelt.*
- *Die Kombination mit Eiprotein erhöht die biologische Wertigkeit auf 100.*
- *Milchproteine schmecken häufig besser als Molkeproteine und sättigen deutlich länger.*
- *Die beste Aminosäurenzufuhr erreicht man, wenn das Produkt zwei Stunden vor dem Training, als zweites Frühstück und vor dem Schlafengehen eingenommen wird.*

Eiproteinkonzentrate

Das Volleiprotein gilt mit seiner biologischen Wertigkeit von 100 quasi als Maßstab für alle Proteine.

Leider hat Volleiprotein auch einen hohen Fett-, Cholesterin- und Natriumgehalt. Viele Sportler verwenden nur Eiklar, um Fett einzusparen. Doch Eiklarprotein hat nur eine Wertigkeit von etwa 88.

Aufgrund des hohen Preises, des schlechten Geschmacks und schlechter Löslichkeit von Volleiproteinprodukten findet man auf dem Markt größenteils nur Supplemente in Form von Eiproteintabletten.

Volleiprotein hat eine biologische Wertigkeit von 100!

Wettkampfbodybuilder schwören in den letzten Wochen vor dem Wettkampf auf Eiprotein, da es angeblich die Haut »dünner« macht. Reine Eiproteinkonzentrate sind aus oben genannten Gründen eigentlich nur für Wettkampfathleten zu empfehlen. Als Bestandteil eines Mischkonzentrates oder in einer Aminosäurentablette ist Eiprotein dagegen auch für andere Sportler sinnvoll.

Sojaprotein

Viele erfahrene Kraftsportler stehen Sojaprotein skeptisch gegenüber. Wenn man mit ihnen über das Produkt spricht, hört man häufig, dass Sojaproteinpräparate

● schlecht löslich wären,
● eine geringe biologische Wertigkeit hätten,
● Verdauungsprobleme verursachen würden,
● einen niedrigen Proteinanteil hätten und
● einen hohen Fett- und Kohlenhydratanteil aufweisen würden.

101

Die neueste Technologie in der Sojaverarbeitung gibt aber Anlass zum Umdenken. Es ist jetzt nämlich möglich, »Isolate« herzustellen. Diese neuen Produkte verfügen über

- beste Löslichkeit
- eine hohe biologische Wertigkeit (vergleichbar mit tierischen Proteinen)
- einen hohe Anteil an Glutamin (20 Prozent)
- einen Proteingehalt von über 90 Prozent i. Tr.
- weniger als ein Prozent Fett und Kohlenhydrate (keine Laktose)
- leichte Verdaulichkeit
- einen niedrigen Preis

Zu Zeiten der BSE-Krise bestand eine große Nachfrage nach Sojaprotein. Mittlerweile ist wissenschaftlich gesichert, dass Milchprodukte nicht infektiös sind. Ein BSE-Risiko gibt es bei keinem in Deutschland hergestellten Proteinkonzentrat.

Ernährungsphysiologisch haben Sojaproteine Vorteile gegenüber tierischen Eiweißquellen. Sojaprotein ist nicht nur eine durchaus ebenbürtige hochwertige Eiweißquelle, sondern besitzt auch gesundheitsfördernde Eigenschaften. So wird ihm ein positiver Effekt bei der Vorbeugung von Herz-Kreislauf-Erkrankungen und in der cholesterinbewussten Ernährung zugeschrieben. Es gibt sogar Hinweise dafür (Forsythe, 1995, siehe Literaturverzeichnis), dass Sojaprotein den Schilddrüsenhormonspiegel anhebt. Das wäre insbesondere bei einer Reduktionsdiät interessant. Denn wenn die Schilddrüsenhormonaktivität diätbedingt abnimmt, wirkt sich das bekanntlich nachteilig auf die Gewichtsabnahme und die Fettverbrennung aus.

Hydrolysat aus kollagenem Eiweiß
Bei Hydrolysaten aus kollagenem Eiweiß handelt es sich (umgangssprachlich) um Gelatine. Die biologische Wertigkeit beträgt 0! Trotzdem findet man kollagenes Eiweiß hin und wieder in Sportlernahrung. In den meisten Fällen ist es technologisch notwendig, um ein

angenehmes »Mundgefühl« beim Verzehr des Produktes zu erreichen. In einem Proteinkonzentrat zum Muskelaufbau hat Gelatine allerdings nichts zu suchen. Auch wenn in der Aminosäurenbilanz eines Produkts die Aminosäure »Hydroxyprolin« aufgeführt ist, sollte man das Produkt lieber im Regal stehen lassen.

Reine Gelatineprodukte werden häufig von Personen verwendet, die Probleme mit den Gelenken haben (Tennisarm o. ä.). Zu diesem Thema gibt es viele Studien. Einige kommen zu positiven Ergebnissen, in anderen wird keine Verbesserung der Gelenkfunktion nachgewiesen. Gleiches gilt für die Reaktionen der Verwender. Einige merken nichts, andere schwören auf kollagenes Eiweiß. Hier gilt: »Probieren geht über studieren.«

Complete Sports Drinks

So genannte Complete Sports Drinks sind Fertigdrinks aus der Flasche. Sie enthalten Eiweiß, Kohlenhydrate und Vitamine. Der Fettgehalt liegt unter 1 Prozent. Wer keine Zeit hat, einen Shake im Studio zu trinken, oder wer eine Mahlzeit am Arbeitsplatz ersetzen will, der ist mit diesem Drink sehr »gut bedient«. Die neueste Generation dieser Drinks enthält komplettes Milchprotein. Die alten Versionen bieten dagegen nur Casein. Dieses hat eine geringere biologische Wertigkeit. Achten Sie auch auf einen gewissen Anteil von Maltodextrin als Kohlenhydratquelle.

Complete Sport Drinks bieten eine einfache und schnelle Vollversorgung.

Dosierung von Proteinkonzentraten

Proteinkonzentrate sollen einen fehlenden Proteinanteil in der Basisernährung ergänzen. Der Proteinbedarf und die zugeführte Menge an Protein aus der Basisernährung ist individuell verschieden. Generell sollten aber nicht mehr als 30 g Proteinkonzentrat (etwa drei gehäufte Esslöffel) in 0,3 l Flüssigkeit eingerührt werden. Auf

dieser Menge sind auch die meisten Rezepturen von Proteinkonzen-traten entwickelt worden. Der Grundsatz »maximal 30 g Protein« pro Mahlzeit ist übrigens nur eine grobe Richtlinie. Aktive Bodybuilder können durch die Anpassung ihres Enzymsystems auch mehr als 30 g Protein pro Mahlzeit verwerten.

Beispiel: Ein 80 kg schwerer Kraftsportler benötigt in der Muskelauf-bauphase etwa 160 g Eiweiß am Tag. Mit der normalen Basiser-nährung werden etwa 100 g Protein aufgenommen. Der Sportler soll-te daher zusätzlich jeden Tag zwei Proteinshakes trinken, um das erhebliche Proteindefizit auszugleichen. Empfehlung: Ein Molkepro-teinshake direkt nach dem Training und ein Milchproteinshake vor dem Schlafengehen.

Was man beim Kauf beachten sollte

Egal, für welches Proteinkonzentrat Sie sich entscheiden: Das wich-tigste ist der Geschmack. Welchen Nutzen hat ein Proteinkonzentrat mit bester Zusammensetzung und Aminosäurenbilanz, wenn es Ihnen nicht schmeckt? Probieren Sie verschiede-ne Proteinkonzentrate aus! Kaufen Sie aber jeweils nur die kleinste Packungsgröße, die Sie bei Nichtgefallen schnell aufbrauchen können. Wenn Sie sich für ein Produkt ent-schieden haben, lohnt es sich größere Gebinde zu kaufen, da diese im Verhältnis viel preiswerter sind.

Proteinkonzentrate gibt es in vielen verschiedenen Geschmacks-richtungen.

Proteinkonzentrate – eine wichtige Nahrungsergänzung

Moderne Proteinkonzentrate besitzen gegenüber proteinreichen Le-bensmitteln viele Vorteile (hohe biologische Wertigkeit, leichte Ver-daulichkeit, einfache Handhabung etc.). Da Protein sehr wichtig für den sportlichen Erfolg und zur Gesunderhaltung ist, sollten in jeder Küche eines leistungsorientierten Kraftsportlers ein Mixer und mindestens eine Dose eines Proteinkonzentrates stehen.

Pyruvat – ein Spitzensupplement

Pyruvat oder Brenztraubensäure ist ein Stoffwechselprodukt, das im Körper als natürliches Endprodukt des Zuckerstoffwechsels entsteht. Im »Citronensäure-Zyklus« (ein wichtiges System der Energieproduktion) wird aus Pyruvat ATP gebildet.

Pyruvat kommt auch in geringen Mengen in einigen pflanzlichen Lebensmitteln vor. Den höchsten Gehalt haben rote Äpfel mit 450 mg Pyruvat pro 100 g Apfel.

Pyruvat ist ein wichtiges zentrales Zwischenprodukt im Kohlenhydratstoffwechsel. Je nach Art des Trainings (aerob, anaerob) kann Pyruvat ein Stoffwechselprodukt in den Energiebereitstellungssystemen aerobe oder anaerobe Glykolyse sowie Ausgangsprodukt in der Gluconeogenese sein.

Pyruvat und seine Wirkung wird erst seit etwa 25 Jahren erforscht. Zum Thema Pyruvat gibt es mittlerweile zu 20 Anwendungsgebieten wissenschaftliche Studien. Für den Sportler sind folgende besonders interessant:

Am besten wirkt Pyruvat in Verbindung mit körperlichem Training.

- Erhöhter Verlust von Körperfett durch die Supplementation mit Pyruvat gegenüber der Kontrollgruppe bei gleicher Kalorienzufuhr
- Verminderter Abbau von Körpereiweiß während einer Diät
- Reduzierter Aufbau von Körperfett nach einer kalorienreduzierten Diät (Vermeidung des Jo-Jo-Effekts)
- Gesteigerte Ausdauerleistung durch den Austausch von Kohlenhydraten gegen Pyruvat
- Gesteigerte Einschleusung von Kohlenhydraten in die Muskelzelle.

Pyruvat und Gewichtsreduktion

Die erste für den Sportler interessante Studie zum Thema Gewichtsreduktion durch Pyruvat wurde 1999 von Kalman (siehe Literaturverzeichnis) durchgeführt.

Als Nahrungsergänzung zugeführtes Pyruvat kann den Effekt von Reduktionsdiäten deutlich verbessern.

Die Untersuchung wurde über sechs Wochen mit 26 übergewichtigen Männern und Frauen durchgeführt. Während des Versuchs durchliefen die Probanden dreimal wöchentlich ein Fettreduktionstraining von jeweils 45 bis 60 Minuten. Die Probanden wurden außerdem angehalten, eine 2000 kcal Diät einzuhalten. Als Supplementierung wurden 6 g Pyruvat oder ein Placebo (Doppelblind-Studie) verabreicht. Die Körpergewichtsreduktion betrug bei der Pyruvatgruppe im Schnitt 3,7 kg, wobei der größte Anteil (2,5 kg) auf eine Reduktion des Körperfetts zurückging. Erfahrungen aus der Praxis bestätigen dieses Ergebnis.

Ein weiterer positiver Effekt einer Pyruvat-Supplementierung ist, dass der von vielen so gefürchtete »Jo-Jo-Effekt« weniger stark ausgeprägt zu sein scheint, wenn nach einer kalorienreduzierten Diät wieder normal gegessen wird. In einer 1996 durchgeführten Studie waren die Gewichtszunahmen mit Pyruvat geringer als bei einer Kontrollgruppe, die statt Pyruvat ein Placebo einnahm (1,8 kg gegenüber 2,9 kg).

Wie Pyruvat zu einer Gewichtsreduktion führt ist noch nicht abschließend geklärt. Es liegt aber nahe, dass durch die Einnahme von Pyruvat mehr Kalorien in Form von Wärme verbrannt werden. Der Körper hat verschiedene Möglichkeiten, aus Kohlenhydraten Energie zu gewinnen. Pyruvat scheint der Auslöser für den Ablauf mehrerer gleichzeitiger Energiemechanismen zu sein, in denen Energie verschwendet wird. Für eine Gewichtsabnahme ist dieser Effekt gut, da man zusätzliche Kalorien verbrennt.

Außerdem wurde festgestellt, dass Pyruvat den respiratorischen Quotienten senkt. Je niedriger der respiratorische Quotient, desto höher ist die Fettoxidationsrate. Es scheint so, dass Pyruvat die Fettoxidation gegenüber der Glukoseoxidation fördert. Dieser Wechsel der Energiesubstrate könnte Gewichtsverluste verursachen.

So bauen Bodybuilder am schnellsten Fett ab

Um Fett abzubauen sollte zunächst ein Krafttraining (Wiederholungszahlen 12–15) mit einer Dauer von 30 bis 45 Minuten durchgeführt werden. Anschließend folgt ein 30- bis 45-minütiges aerobes Training. Durch das Krafttraining werden wegen der hohen Intensität vermehrt Kohlenhydrate als Energie verbrannt. Außerdem wird das Muskelwachstum angeregt. Da nur Muskeln Fett verbrennen, ist es wichtig, während der Diät möglichst viel Muskelmasse zu erhalten bzw. aufzubauen. Wird nach dem Krafttraining bei geringer Belastung aerobes Training ausgeführt, so greift der Körper eher auf Fett als Substrat zu, da die Kohlenhydratspeicher durch das Krafttraining bereits entleert sind. Dieser natürliche physiologische Vorgang wird durch Pyruvat unterstützt. Vor dem Training sollte man daher 3 g davon einnehmen. Durch Pyruvat wird der Stoffwechsel angeregt, der Körper verbrennt mehr Kalorien und »schaltet« früher auf Fettverbrennung um. 1 g L-Carnitin (siehe Seite 59ff.), das ebenfalls vor dem Training eingenommen wird, fördert die Fettverbrennung zusätzlich.

Pyruvat kann die Ausdauerleistung der Muskulatur entscheidend verbessern.

Steigerung der Ausdauerleistung

Ronald T. Stanko von der Gastroenterologie und Klinischen Ernährungabteilung der Universität Pittsburgh fand in mehreren Studien heraus, dass Pyruvat, wenn es mit dem Drei-Kohlenstoff-Molekül Dihydroxyaceton (ein Zwischenprodukt des Energiestoffwechsels) kombiniert wird, die Ausdauerleistung in Armen und Beinen für sieben Tage um bis zu 20 Prozent erhöht.

Mit dieser Pyruvatmischung vergrößerte sich die Zeitspanne bis zur totalen Erschöpfung in der Armmuskulatur um 23 Minuten und in der Beinmuskulatur um 13 Minuten.

Auf Fragen zur Befindlichkeit wurde während der Tests angegeben, dass die Belastung durch Pyruvat als leichter empfunden wurde.

Die Auswertung der Studien ergab außerdem, dass Pyruvat den Transport von Traubenzucker in die Muskelzelle verbessert und so die Ausdauerleistung steigert. Der Prozess wird als Glukose-Extraction bezeichnet und bezieht sich auf die Menge des

Zufuhrempfehlung für den Ausdauerbereich

Für besten Erfolg in Ausdauer und Kraft sollten etwa 15 Minuten vor dem Training 3 g Pyruvat zusammen mit einem Kohlenhydratgetränk eingenommen werden.

Es hat übrigens keinen Sinn, mehr Pyruvat aufzunehmen. Zwar war die in den Pyruvat-Studien verwendete Dosis relativ hoch (25 g). Stanko kam aber zu dem Ergebnis, dass eine Dosierung von 2–5 g am Tag ausreichend ist und eine Erhöhung der Dosis keine weiteren Vorteile bringt.

Traubenzuckers, der aus dem Blut in den Muskel transportiert wird. Die Pyruvatmischung vergrößerte nach einer Stunde Belastung die Glukose-Extraction um nahezu 300 Prozent. In der Ruhe selbst noch um 50 Prozent.

Pyruvat verhindert den Abbau von Muskelmasse

Pyruvat hat im Stoffwechsel die Aufgabe, Milchsäure und Alanin herzustellen. Durch hartes Training kann ein Mangel an Kohlenhydraten entstehen. In dieser Situation kann der Körper anstatt des Muskelgewebes die beiden durch Pyruvat produzierten Substanzen als Energiequelle nutzen. Auf diese Weise wird der Abbau von Muskelmasse sogar während einer Diät verhindert.

Was man beim Kauf beachten sollte

Da Pyruvat selbst sehr instabil ist, muss es als Nahrungsergänzung mit Natrium, Kalzium oder Kalium kombiniert werden. Sämtliche Studien wurden mit Kalzium-Pyruvat durchgeführt. In der Praxis hat sich allerdings gezeigt, dass Kalzium-Pyruvat noch immer instabil ist. Kaufen Sie daher Kalium-Pyruvat. Es ist stabiler und bringt sehr gute Ergebnisse.

Bei wissenschaftlichen Studien wurden bis heute keine Hinweise auf toxische (giftige) Begleiterscheinungen gefunden. In den empfohlenen Dosierungen ist Pyruvat eine sichere Nahrungsergänzung.

Pyruvat – ein noch unterschätzter Wirkstoff

Pyruvat ist ein relativ neues (noch) unbekanntes Supplement. In  einer Dosierung bis 10 g täglich gab es bisher keine Anzeichen von Nebenwirkungen. Zur Gewichtsreduktion sollte es mindestens über einen Zeitraum von sechs Wochen ausprobiert werden. Eine Leistungssteigerung im Ausdauerbereich sollte bereits nach drei Tagen erkennbar sein. Pyruvat hat das Potenzial, genauso bekannt zu werden wie L-Carnitin (siehe Seite 59ff.). In der Wirkung ist es L-Carnitin teilweise sogar noch überlegen.

Ribose – besser als Creatin?

Das hoch wirksame Creatin (Creatinmonohydrat, siehe Seite 68ff.) dürfte mittlerweile jedem ambitionierten Sportler ein Begriff sein. Mehr und mehr rückt jedoch eine seit den fünfziger Jahren bekannte Substanz in den Blickpunkt, die im Ruf steht, noch bessere Ergebnisse zu erzielen: die D-Ribose.

Um besser verstehen zu können, warum diese Substanz für den Sportler so interessant ist, hier eine kurze Beschreibung ihrer Eigenschaften und ein kleiner Exkurs in den Energiestoffwechsel.

Was ist Ribose?

Ribose ist ein Einfachzucker. Im Unterschied zu dem allgemein bekannten Einfachzucker Glukose (Traubenzucker) besteht das Molekül in der Zentralstruktur nur aus fünf Kohlenstoffatomen gegenüber sechs bei der Glukose. Ribose kann ebenfalls als Energiesubstrat genutzt werden. Das allein ist aber nichts Besonderes.

Für den Aufbau von ATP ist Ribose unbedingt notwendig.

Der interessante Fakt ist, dass Ribose direkt am Aufbau von ATP beteiligt ist und nicht erst in eine weitere Substanz umgewandelt werden muss. Ein weiterer Unterschied ist, dass Ribose in der Natur nur in sehr kleinen Mengen vorkommt.

Woher kommt die Energie für sportliche Leistungen?

Jede Muskelkontraktion – und sei sie auch noch so klein– verbraucht ATP (Adenosintriphosphat). ATP ist die Energiewährung des Körpers. Die Verbindung liefert die Energie für alle energetischen und Aufbauprozesse und wird durch die Umwandlung der vorhandenen Nährstoffe ständig aufgebaut. Der Körper kann z. B. aus Glukose indirekt ATP herstellen. Es kann jedoch nicht beliebig viel ATP in kurzer Zeit produziert werden. Zudem kann es nicht gespeichert werden. Das bedeutet, die ATP-Menge ist begrenzt und reicht für maximal zehn Sekunden. Gerade bei intensivem Widerstandstraining bedeutet die Limitierung der ATP-Menge gleichzeitig die Einschränkung der sportlichen Leistung.

Wenn man den Aufbau von ATP näher betrachtet, erkennt man schnell die wichtige Rolle von Ribose bei der ATP-Herstellung.

Aufbau von ATP und Energiebereitstellung

Der volle Name Adenosintriphosphat weist schon auf die Bestandteile von ATP hin:

- *Adenosin besteht aus Adenin und **Ribose***
- *Triphosphat deutet auf drei Phosphate hin*

ATP = Adenosin + Phosphat + Phosphat + Phosphat

Zur Energiebereitstellung wird ein Phosphat abgespalten:
A-P-P / P ➤ A-P-P (ADP, Adenosindiphosphat)

Um weiter Energie zur Verfügung zu haben, muss das ADP wieder mit einem Phosphatmolekül angereichert werden.

Es gibt zwei Möglichkeiten, auf die kurzfristige ATP-Produktion Einfluss zu nehmen:

- Durch die vermehrte Zufuhr von Creatinmonohydrat erhöht sich der Creatinphosphatspeicher in der Muskulatur. Durch Abspaltung des Phosphatrests des Creatinphosphats wird aus dem vorhandenen ADP wieder ATP resynthetisiert. Diese Methode wird den meisten Sportlern bekannt sein, weshalb Creatinmonohydrat eines der gängigsten Supplemente im Sport ist.
- Ribose ist direkt an der Produktion von ATP beteiligt und deshalb genauso wichtig wie Creatin.

Was passiert bei intensivem Training in der Muskelzelle?
Jede (Muskel-)Zelle hat ein individuelles Energieniveau. Das bedeutet, dass immer geringe Mengen an ATP vorhanden sind. Bei intensivem Training kommt es zu einem Sauerstoffdefizit (Anoxie) in der Zelle. Gleichzeitig wird die ATP-Produktion gebremst. Nach einem hartem Training kann es bis zu 72 Stunden dauern, bis das ursprüngliche Energieniveau wiederhergestellt ist. Untersuchungen haben ergeben, dass durch die Zufuhr von Ribose die Energiespeicher um das 3,4 bis 4,3-fache schneller wieder aufgefüllt werden können. Das bedeutet, dass die Energiedepots nach zwölf Stunden wieder voll sind! Daher wird Ribose in den USA auch als »ATP-Recovery« bezeichnet.

Beim genaueren Hinsehen stellt man also fest, dass sich Creatin und Ribose in ihrer Wirkung gegenseitig ergänzen. Durch Ribose kann das Grundgerüst des ATP leichter aufgebaut werden. Bei Engpässen kann durch Creatinphosphat (aus Creatinmonohydrat aufgebaut) während des Trainings schnell ATP resynthetisiert werden. Worin liegt nun aber der Unterschied zwischen diesen beiden Substanzen?

Unsere »Energie-währung« Adenosin-triphosphat enthält Ribose. Creatin wiederum regeneriert ATP.

Durch Ribose wird auch nach sportlicher Belastung ATP hergestellt, um das Energieniveau wieder herzustellen. Creatinphosphat hilft dagegen vorrangig während der Belastung.

Ribose unterstützt indirekt andere Supplemente
Andere Supplemente wie z. B. BCAA (siehe Seite 54ff.) haben einen antikatabolen Effekt und verhindern damit einen Muskelabbau durch hartes Widerstandstraining. Ribose sorgt dafür, dass immer genügend Energie vorhanden ist, so dass besonders hartes Training möglich ist. Durch die bessere Energiebereitstellung können weitere Supplemente ihre Wirkung optimal entfalten.

Ist Ribose sicher?

Bis heute sind keine negativen Wirkungen über Ribose bekannt. Da es sich um eine Substanz handelt, die vom Körper produziert wird, geht man weiterhin davon aus, dass keine Nebenwirkungen zu befürchten sind.

Zufuhrempfehlung für Ribose

Um den bestmöglichen Effekt im Sport zu haben, sollte Ribose in Kombination mit Creatin eingenommen werden.

Auch bei Ribose hat sich die so genannte Aufladetechnik bewährt. Nehmen Sie in den ersten fünf Tagen der Supplementierung etwa 30 Minuten vor dem Training 2–3 g Ribose und 5–7 g Creatin und direkt nach dem Workout dieselbe Menge. Ab dem sechsten Tag sollte es ausreichen, 2–3 g Ribose und 5–7 g Creatin 30 Minuten vor dem Training einzunehmen. An trainingsfreien Tagen empfiehlt sich eine Einnahme vor dem Abendessen.

Ribose ist ein hervorragendes Produkt, das sich vor allem für leistungsorientierte Bodybuilder eignet.

Worauf man beim Kauf achten sollte

Bei Kombinationsprodukten macht lediglich die Verbindung von Creatin und Ribose Sinn. Das Mischverhältnis des Produkts sollte aus 75 Prozent Creatin und 25 Prozent Ribose bestehen.

Ribose – eine Ergänzung für den Profi

Eine Supplementierung mit Ribose ist nur etwas für wirklich hart trainierende, extrem leistungsorientierte Kraftsportler (Bodybuilder), die auch noch in der vierten wöchentlichen Trainingseinheit volle Energie zur Verfügung haben möchten.

113

Sportler-, Eiweiß- und Fitnessriegel

Unter den Namen Sportler-, Eiweiß- und Fitnessriegel wurden eine große Zahl von süßen und praktischen Snacks für Sportler entwickelt. Sie sollen dem Aktiven eine Alternative gegenüber herkömmlichen Schokoriegeln bieten.

Handelsübliche Schokoriegel haben etwa 50 Energieprozent aus Fett, 44 aus Kohlenhydraten und sechs aus Eiweiß. Vitamine und Spurenelemente sind kaum enthalten.

»Sportlerriegel« haben in den meisten Fällen einen höheren Eiweiß-, Vitamin und Mineralstoffgehalt und gleichzeitig einen geringeren Fettanteil als Schokoriegel. Der Aktive verfügt durch »Sportlerriegel« über eine fettärmere und eiweißreichere Alternative gegenüber Schokoriegeln.

Als Zwischenmahlzeit sind zwar auch Obst und Reiscräcker geeignet. In Bezug auf Haltbarkeit und Bequemlichkeit haben diese Lebensmittel jedoch insbesondere auf Reisen Nachteile. Daher macht es sicherlich Sinn, dem Sportler andere Möglichkeiten zu bieten.

Jede Sportart hat andere Anforderungen an die Nahrung, womit die Relation der einzelnen Nährstoffe gemeint ist. Bodybuilder sollten z. B. mehr Protein in der Nahrung haben, Ausdauersportler einen höheren Anteil an Kohlenhydraten.

Die meisten Besucher im Sportstudio entscheiden allerdings nach Geschmack. Sicherlich sollte der Riegel schmecken, den man verzehrt, aber es gibt für jeden Sportler auch den ernährungsphysiologisch richtigen Riegel.

Riegel mit hohem Eiweißanteil

Eiweißriegel haben einen Proteinanteil von über 20 Prozent und man findet häufig das Wort »Power« auf der Verpackung. Besonders Sportler, die schnell Muskeln aufbauen wollen, sollten diese Riegel wählen. Der Fettgehalt pro Riegel ist verhältnismäßig gering (3,5–5 g Fett pro 35 g Riegel).

Riegel mit hohem Kohlenhydratanteil

An der Bezeichnung »Fitness« oder »Energie« auf der Packung erkennt man schnell, dass ein Riegel einen hohen Kohlenhydratanteil (mehr als 50 Prozent) und geringeren Eiweißanteil (weniger als 20 Prozent) besitzt. Diese Produkte sind speziell für Fitness- und Ausdauersportler entwickelt worden, die ihrem Körper schnell Energie zuführen wollen.

Riegel mit L-Carnitin

Besonders Personen, die Gewicht reduzieren möchten, sollten Riegeln mit einer L-Carnitin-Anreicherung den Vorzug geben. Da L-Carnitin-Riegel zum größten Teil aus Fruchtmasse bestehen, haben sie trotz eines Schokoladenüberzugs (zur Geschmacksverbesserung, siehe Seite 46f.) den geringsten Fettanteil aller Riegel. Zudem unterstützt das enthaltene L-Carnitin die Fettverbrennung (siehe Seite 59ff.). L-Carnitin-Riegel eignen sich als Snack vor dem Training oder können einfach zwischendurch genossen werden. Trotz ihres höheren Gewichts enthalten diese Riegel insgesamt nur 3–4 g Fett.

Riegel liefern extra Kohlenhydrate, helfen bei der Gewichtsreduktion und können sogar eine Mahlzeit ersetzen.

Mahlzeitenersatzriegel

Wie der Name schon sagt, kann man mit Mahlzeitenersatzriegeln eine komplette Mahlzeit vollwertig ersetzen. Gerade während einer Diät sind sie besonders praktisch, da alle vorgeschriebenen Nährstoffe zur Gewichtsreduktion enthalten sind. Die Dosierung ist ganz einfach: Ein bis zwei Riegel ersetzen eine Mahlzeit. Das sonst so lästige Abwiegen und Kalorienzählen entfällt.

Sportler, die auf ihre schlanke Linie achten, sind mit Sportlerriegeln bestens versorgt.

Molkeriegel

Molkeriegel sind von den Herstellern nicht als »Sportlerriegel«, sondern als eine Alternative für Molkedrinks entwickelt worden. Bei diesen Produkten wird ganz besonderes Augenmerk auf den guten Geschmack gelegt. Daher ist der Fettgehalt etwas höher als bei anderen Riegeln, denn Fett ist bekanntlich ein Geschmacksträger. Trotzdem ist der Fettgehalt von Molkeriegeln geringer als bei Vergleichsprodukten der Süßwarenindustrie.

Bulk-up-Riegel

Allein durch die Größe und das Gewicht von 125 g pro Riegel wird klar, dass diese Produkte dazu bestimmt sind, die Gewichtszunahme zu erleichtern. Ein Bulk-up-Riegel hat über 500 kcal und enthält mehr als 30 g Eiweiß. Wer keine Lust mehr auf riesige Nudel- oder Müsliportionen hat, der kann eine Mahlzeit zur Gewichtszunahme durch einen solchen »Mega«-Riegel ersetzen. »Hardgainer«, Personen die nur schwer an Gewicht zulegen, nehmen diese Riegel gern als Dessert ein.

Fitnessriegel – praktisch und gut

Wer auf süße Snacks nicht verzichten möchte, sollte sich im Hinblick auf seinen sportlichen Erfolg als Alternative zum Schokosnack in jedem Fall für den entsprechenden Riegel entscheiden. Riegel sind aufgrund ihrer langen Haltbarkeit bestens geeignet, um z. B. für den »Notfall« im Auto, im Kühlschrank oder in der Sporttasche gelagert zu werden. Fitnessriegel sollten zur Grundausstattung jedes Sportlers gehören.

Tribulus Terrestris

Tribulus wird seit über 5000 Jahren in der chinesischen Medizin als Aphrodisiakum eingesetzt. Als das Mittel auf den europäischen Markt kam, wurde es als »Testosteronbooster« bezeichnet, da es die körpereigene Produktion des luteinisierenden (LH-)Hormons erhöhen soll, das bei Männern die Testosteron- und bei Frauen die Östrogenproduktion anregt (nach Milanov, siehe Literaturverzeichnis). Männliche Anwender versprachen sich davon gesteigerten Muskelaufbau und erhöhte Potenz. Frauen sollten dieses Mittel meiden, da eine gesteigerte Östrogenproduktion zu Erkrankungen der Eierstöcke führen kann.

Worauf man beim Kauf achten sollte

Achtung: In Deutschland ist Tribulus nicht als Lebensmittel zugelassen.

Es gibt viele verschiedene Tribulusprodukte auf dem Markt. Die pharmakologisch wirksamen Substanzen fallen unter die Gruppe der Saponine. Je nach Rohstoff beträgt der Gehalt an Saponinen zwischen einem und 58 Prozent. Leider kann man anhand der Packung nicht erkennen, ob ein guter oder schlechter Rohstoff eingesetzt worden ist. Das Originalprodukt kommt aus Bulgarien und hat den Handelsnamen Tribestan. Mittlerweile gibt es allerdings weitere gute Produkte eines amerikanischen Herstellers.

So sollte Tribulus Terrestris dosiert werden

Da Tribulus im Körper schnell abgebaut wird, können zweimal täglich 650–1500 mg eingenommen werden. Dabei handelt es sich allerdings nicht um eine allgemeine Empfehlung.

Allgemeine Bewertung

Bis heute liegen keine Erkenntnisse über Nebenwirkungen vor. Da Tribulus erst seit relativ kurzer Zeit im Kraftsport angewendet wird, sollte vor der Einnahme vorsichtshalber ein Arzt zu Rate gezogen werden.

Vanadylsulfat für besseren Pump?

Vanadylsulfat, ein Abkömmling des Spurenelements Vanadium, soll bei Bodybuildern die Wirkung des körpereigenen Insulins verbessern. Die ersten Erkenntnisse über Vanadylsulfat wurden im Tierversuch gewonnen: Vanadylsulfat verbesserte den künstlich herbeigeführten diabetischen Zustand bei Ratten. Man erhoffte sich gleiche Wirkungen beim Menschen. Verbesserte Insulinwirkung würde für einen Bodybuilder bedeuten, dass er einen besseren »Pump« (siehe Seite 52) und einen verringerten Zuwachs an Körperfett erlangen könnte. In der Praxis trat dieser Effekt allerdings nur bei wenigen Personen auf. Wissenschaftlich konnte die Wirkung beim Menschen bisher nicht bewiesen werden (nach Fawcett, siehe Literaturverzeichnis).

Zwar verspricht Vanadylsulfat eine besser durchblutete Muskulatur, doch steht dieser, nur bei wenigen Sportlern beobachtete Effekt in keinem Verhältnis zu den Nebenwirkungen.

Zufuhrempfehlung

Bodybuilder, die einen Effekt verspürten, nahmen für den Zeitraum von sechs Wochen täglich zwischen 25 und 50 mg Vanadylsulfat ein.

Worauf man beim Kauf achten sollte

Vanadylsulfat ist in Deutschland nicht als Lebensmittel zugelassen! Bei Bestellungen über das Internet lässt sich nur schwer nachzuvollziehen, ob es sich um ein qualitativ hochwertiges Produkt handelt.

Der Kauf von Vanadylsulfat lohnt sich nicht!

Da es nur bei wenigen Personen zu einem Trainingserfolg durch die Einnahme von Vanadysulfat kam und es Mitteilungen über Nebenwirkungen wie Unterzuckerung, Schwindelanfälle und Magen-Darm-Probleme gibt, wird vom Kauf abgeraten. Außerdem ist das Produkt in Deutschland nicht verkehrsfähig!

Weight Gainer gehören dazu

Der Begriff »Weight Gainer« kann als Gewichtszunahmepräparat übersetzt werden. Viele Menschen möchten Körpergewicht verlieren. Aber es gibt auch eine Menge Personen, die Gewicht – insbesondere Muskeln – zulegen möchten. Genau für diese Zielgruppe, die in Verbindung mit Krafttraining Muskeln aufbauen wollen, wurden Weight Gainer entwickelt.

Wer schon länger im Sportstudio trainiert, kennt bestimmt den Weight Gainer, der als Erster auf den Markt kam: »Joe Weider's Crash Weight Gain. Dieses Produkt ist seit über 50 Jahren im Verkehr und hat schon vielen Kraftsportlern zu mehr Masse verholfen.

Weight Gainer bestehen zu 50 bis 70 Prozent aus Kohlenhydraten und zu 10 bis 20 Prozent aus Protein. Häufig haben Sie einen hohen Anteil an einfachen Kohlenhydraten, wie z. B. Traubenzucker. Generell sollten einfache Kohlenhydrate vermieden werden, aber für »Hardgainer« (Menschen, die nur schwer an Masse zulegen) sind sie

Ein Weight Gainer sollte zu den Standardsupplementen in der Muskelaufbauphase gehören.

genau richtig. Durch die Zufuhr von einfachen Kohlenhydraten steigt der Insulinspiegel steil an, was zu vermehrter Einlagerung von Nährstoffen und verstärktem Hungergefühl führt. Mit einem guten Weight Gainer kann praktisch jeder schnell Muskeln aufbauen.

Aus Erfahrungswerten ist bekannt, dass bei einer täglichen Gesamtkalorienzufuhr von unter 3000 kcal generell kein Muskelwachstum möglich ist. Wer also nicht viel essen kann oder will, der sollte täglich zwei Weight-Gainer-Shakes trinken (75 g Pulver, in 0,3 l Milch eingerührt, entspricht etwa 400 kcal). Vorzugsweise je einen Shake vor und nach dem Training. Dies gilt auch für trainingsfreie Tage, wobei sich die Zufuhr als zweites Frühstück und Nachmittagsmahlzeit empfiehlt.

Zufuhrempfehlung

Die persönlich richtige Anzahl an Weight-Gainer-Shakes pro Tag kann ganz einfach bestimmt werden. Generell sollten nicht mehr als zwei Kilo im Monat zugenommen werden, da sich sonst der Körperfettanteil zu stark erhöht. Eine Kontrolle des Körpergewichts, des Körperfettanteils und der Messung des Taillenumfangs gibt Auskunft über die richtige Höhe der Kalorienzufuhr. Steigt das Körpergewicht an und die Taille verändert sich nicht, dann hat man die persönlich richtige Menge gefunden. Steigen das Körpergewicht und der Taillenumfang, so sollte die Basisernährung auf einen zu hohen Fettanteil überprüft werden und gegebenfalls die Anzahl der Shakes reduziert werden.

Achten Sie bei der Gewichtszunahme besonders auf den Bauchumfang. Er sollte nicht zu stark wachsen!

Sonderfall Hardgainer

So genannte Hardgainer, die trotz hoher Kalorienzufuhr nicht zunehmen können, sollten die Weiterentwicklung der Weight Gainer, so genannte »Mega Gainer« nutzen. Diese haben den Vorteil, dass aufgrund ihrer hohen Löslichkeit fast die doppelte Menge Pulver in die gleiche Menge Milch eingerührt werden kann. Ein Shake hat dann etwa 750 kcal. Selbst Personen mit einem besonders schnellen Stoffwechsel sollten durch diese Gainer zunehmen können. Außerdem enthalten die Produkte alle lebenswichtigen Vitamine, Mineralstoffe und Spurenelemente in ausreichender Menge.

Worauf man beim Kauf achten sollte

Wem die Gewichtszunahme nicht besonders leicht fällt und wer schnell Ergebnisse erzielen möchte, kann einen Gainer mit hohem Dextroseanteil (Traubenzucker) wählen. Bei ganz »hartnäckigen« Fällen sollte die Wahl auf »Mega Gainer« fallen.

Wer keine großen Schwierigkeiten damit hat zuzunehmen, aber seine Ernährung physiologisch auf die Anforderungen eines Kraftsportlers anpassen möchte, sollte einen Gainer mit hohem Maltodextrinanteil wählen. Diese Produkte sind weniger süß, enthalten meistens einen höheren Proteinanteil, verursachen keine schnellen Blutzuckerschwankungen und sind besonders für Personen geeignet, die ihr Zielgewicht fast erreicht haben und so genannte Qualitätsmuskulatur (verbesserte Definition, optische Separation der Muskulatur) aufbauen möchten. Maltodextrin hat zwar auch einen hohen glykämischen Index (je höher der Index, desto höher die Blutzuckerschwankungen), durch den höheren Proteinanteil kommt es jedoch nicht zu den hohen Blutzuckerschwankungen wie bei den Traubenzucker-Weight-Gainern.

Zunehmen kann manchmal schwieriger als Abnehmen sein. Vor allem so genannte Hardgainer kennen dieses Problem.

Weight Gainer – bewährt und sinnvoll

Weight Gainer sind seit Jahren bewährte und wirklich sinnvolle Supplemente für eine zufriedenstellende Gewichtszunahme – wer effektiv Muskeln aufbauen will, braucht einen guten Weight Gainer!

Zellvoluminizer für Kraft und Masse

So genannte Zellvoluminizer-Substanzen sind beispielsweise Creatin und Glutamin. Diese Stoffe werden in der Muskulatur gespeichert und erhöhen den festen Bestandteil der Muskelzellen. Der Wunsch eines jeden Bodybuilders – pralle Muskulatur – ist durch den Einsatz von Zellvoluminizern möglich.

Grundsätzlich hat der Körper zwei Wasserspeicher – innerhalb und außerhalb der Muskulatur. Wer wirklich stark aussehen möchte, muss so viel Wasser wie nur möglich in die Muskulatur einspeichern. Einfach mehr zu trinken, reicht da natürlich nicht. Es müssen feste Bestandteile in die Muskulatur eingelagert werden, die Wasser speichern und dadurch die Zellen maximal »aufpumpen«.

Mehr Insulin bedeutet schnelleren und besserenTransport von Creatin und Glutamin in die Muskelzelle. Daraus resultieren »pralle« Muskulatur und mehr Power.

Da der Körper immer versucht, einen Druckausgleich zu schaffen (Homöostase), wird mehr Wasser eingelagert. Das Ergebnis ist eine prallere und dickere Muskulatur. Besonders beim Bankdrücken macht sich dieser Effekt schnell bemerkbar. Der Arm wird dicker, wodurch sich das Hebelverhältnis verbessert, es kann mehr Gewicht gedrückt und der Muskel zu mehr Wachstum angereizt werden.

Damit diese gewollte Wassereinlagerung gut funktioniert, ist Insulin notwendig. Dieses wird durch die in Zellvoluminizern enthaltenen Kohlenhydrate verstärkt ausgeschüttet.

Durch Zellvoluminizer kann so intensiv trainiert werden, dass unter Umständen körpereigene Proteine zur Energiegewinnung herangezogen werden. Um diese katabole Situation zu vermeiden, sollte ein sinnvoller Zellvoluminizer auch BCAA (siehe Seite 54ff.) enthalten. Diese schalten den Stoffwechsel selbst bei hartem Training auf anabol. Ein Muskelverlust wird so verhindert. Damit der Muskel nicht übersäuert oder vorzeitig ermüdet, sollte ein weiterer Säurepuffer wie z. B. Natriumbicarbonat im Produkt enthalten sein.

Dosierung von Zellvoluminizern

Eine Portion Zellvoluminizer enthält etwa 5 g Creatin. In der Aufladephase (Tag eins bis sechs) empfiehlt sich folgende Dosierung:

- Bis 70 kg Körpergewicht täglich 2 Portionen
- Bis 90 kg Körpergewicht täglich 3 Portionen
- Über 90 kg Körpergewicht täglich 4 Portionen.

In der Haltephase wird wie folgt dosiert:
- Eine Portion am Tag über den Zeitraum von 5 Wochen.

Eine »Kur« sollte insgesamt sechs Wochen dauern. Anschließend folgt eine drei- bis vierwöchiger Pause.

Zellvoluminizer – gute Grundausstattung

Zellvoluminizer sind gute Produkte, um kurzfristig Kraft und Masse aufzubauen, denn man spürt schnell einen Effekt. Für die Creatinaufladephase sind sie perfekt geeignet. Allerdings sollte man sich bewusst sein, dass man für einen hohen Kaufpreis

Zellvoluminizer helfen, Masse aufzubauen.

relativ viel billigen Traubenzucker erhält. Bis zu 75 Prozent des Produkts bestehen nämlich aus Traubenzucker. Für die Aufladephase ist dieser hohe Anteil jedoch auch sinnvoll.

In der Haltephase kann man weiterhin eine Portion Zellvoluminizer am Tag trinken, vorzugsweise nach dem Training. Eine Alternative wäre es, nach dem Training Creatinkapseln zusammen mit einem Weight Gainer einzunehmen. So versorgt man die Muskulatur zusätzlich mit Protein. Wer es sich aber einfach machen möchte und nicht zu viele verschiedene Produkte kaufen will, ist mit einem guten Zellvoluminizer als Grundausstattung bestens bedient.

Literaturverzeichnis

Ahmad S. et al.: Multicenter trial of L-Carnitine in maintainance hemodialysis patients II. Clinical and biochemical effects. Kidney Int 1990; 38: 912–918

Barth C. A./Scholz-Ahrens K. E./Pfeuffer M./Hotze A.: Response of hormones and lipid metabolism to different dietary proteins. Monogr Atheroscler 1990; 16: 110–125

Becker S.: Mehr Muskeln. Fit for Fun 2001; 12: Titelstory

Blanchard M.A./Jordan G. et al.: The influence of diet and exercise on muscle and plasma glutamin concentrations. Med Sci Sports Exerc 2001; 33: 69–74

Braumann K. M./Meyer J./Böhlke U./Reer R.: Glycerol als ergogene Substanz. Abstract C-P-313, 37. Kongress für Sportmedizin und Prävention im September 2001

Brown R. C.: Effects of high fat versus high carbohydrate diets on plasma lipids and lipoproteins in endurance athletes. Med Sci Sports Exerc 1998; 30(12): 1677–1683

Cartledge J./Minhas S./Eardley I.: The role of nitric oxide in penile erection. Expert Opin Pharmacother 2001; 2 (1): 95–107

De Palo E. F./Gatti R. et al.: Plasma lactate, GH and GH-binding protein levels in exercise following BCAA supplementation in athletes. Amino Acids 2001; 20: 1–11

Fawcett J. P./Farquhar S.J. Walker R. J./Thou T./Lowe G./Goulding A.: The effect of oral vanadyl sukfat on body comosition and performance in weight-training athletes. Int J Sport Nutrition 1996; 6: 382–390

Forsythe W. A.: Soy Protein, Thyroid Regulation and Cholesterol Metabolism. J. Nutr. 1995; 123.3: 619–623

Frösch P.: Erfolgreiche Carnitinbehandlung bei Polimyelitis. Ärztewoche 1994; 11.5

Gallagher et. al.: Beta-hydroxy-beta-methylbutyrate ingestion, Part I: Effects on strength and fat free mass. Medicine and Science in Sports and Exercise2000; 32 (12): 2109–2115

Giamberardino M. A./Dragani L./Valente R./Di Lisa F. et. al.: Effects of prolonged L-Carnitine administration on delayed muscle pain and CK release after eccentric effort. Int J Sports Med 1996; 17 : 320–324

Gross K. L./Wedenkind K. J./Kirk C. A.: Effect of dietary L-Carnitine and chromiumpicolinate on weight loss and composition of obese dogs. J.Animal Sci 1998; 76 (suppl 1): 175

Kalman et. al.: The effects of pyruvate supplementation on body composition in overweight individuals. Nutrition 1999; 15, 5: 337–340

Krähenbühl S.: L-Carnitine and Physical Performance, Ann Nutr. Metab 2000; 44: 75–96

Krämer W. J./Volek J. S., et alc.: The effects of L-Carnitine supplementation on exercise stress responses in recovery. Ball State University, Muncie, Ind./USA

Kreider R./Ferreira M./Wilson M. et al.: Effects of calcium beta-HMB supplementation during training on body composition and strength. 4th International Olympic Committee World Congress on Sport Sciences; 1997 Oct 22–25: Monte Carlo. Lausanne: Sportec Organisation

Lehmann Th.: Poliomyelitis Spätfolgen Klinik und Behandlungsmöglichkeiten, Therapiewoche Schweiz 1993; 9(7): 421–424

ders.: Poliomyelitis-Spätfolgen werden oft unterschätzt. Niedersächsisches Ärzteblatt 1994; 67(5): 14–16

Lemon P. W.: Do athletes need more dietary protein and amino acids? Int J Sport Nutr 1995; Jun, 5 Suppl: 39–61

Maggini S./Bänzinger K. R./Walter P.: L-Carnitine supplementation results in improved recovery after strenous exercise. Ann Nutr. Metab 2000; 44: 75–96

Metges C. C./Petzke K. J./Young V. R.: Der Bedarf an essentiellen Aminosäuren für Erwachsene: Neue Konzepte, Schätzmethoden, Ungewissheiten und Herausforderungen. In: Jahresbericht, Deutsches Institut für Ernährungsforschung, Potsdam-Rehbrücke1996; 21–30

Milanov S./Maleeva E./Tashkov M.: Tribestan effect on the concentration of some hormones in the serum of healthy subjects. Company documentation 1981

Mourier et. al.: International Journal of Sports Medicine 1997; 18: 47–55

Müller D./Richter T./Seim H.: Effects of L-Carnitine supplementation on in vivo oxidation off (C13)palmitic acid in healthy adults.; University of Leipzig, Germany 2000

Nissen S./Panton L./Wilhelm R./Fuller J. C.: Effect of ß-hydroxy ß-methylbutyrate (HMB) on body composition of trained and untrained males undergoing intense resistance training Faseb J. 1996; 10: A287

Polio e.V.: Zum Stichwort Medikamente, 4. Mitteilungsblatt 1993; 7–8

Schena et al.: European Journal of Applied Physiology and Occupational Physiology 1992; 65, 5: 394–398; 9302

Sharman M. J., Volek S. J. et al..: A ketogenic diet results in favorable effects on total and regional body composition and insulin responses in normal weight men. FASEBJ 2001; 15 (4): LB333B

Spagnoli L. G. et al.: Morphometric evidence of the trophic effect of L-Carnitine on human skeletal muscle. Nepphron 1990; 55: 16–23

Stanko R. T./O'Hare L.: The Power of Pyruvate, 1999; ISBN 0-87983-990-2

Stemper T. et al.: Lehrbuch Lizenzierter Fitness-Trainer DSSV SSV GmbH, Hamburg 1999

Thom E.: Project: A pilot study with the aim of studying the efficacy and tolerability of Tonalin CLA on the body composition in humans. Project Head: Erling Thom Ph.D. Medstat Research Ltd. July (1997)

Tipton K. D./Rasmussen B. B. et al.: Timing of amino acid-carbohydrate ingestion alters anabolic response of muscle to resistance exercise. Am J Endocrinol Metab 2001; 281: E197–E206

Volek, J. S. et al.: Creatine supplementation enhances muscular performance during high-intensity resistance exercise. J. am. Diet Assoc. 1997; 97 (7): 765–770

Williams M. H.: Ernährung, Fitness und Sport. 1997; S. 210; ISBN 3-86126-150-2

ders.: Nutrition for Fitness and Sport. WmC. Brown Publishers, Dubuque (IA) 1992

Weiterführende Literatur

Breitenstein B./Hamm M.: Bodybuilding, Erfolgreich, Natürlich, Gesund. ro ro ro Sport, Rowohlt, Reinbek 2001

Geiß K.-R./Hamm M.: Handbuch Sportler-Ernährung, Belers Verlag, Hamburg 2000

Brouns F.: Die Ernährungsbedürfnisse von Sportlern. Springer Verlag, Belin–Heidelberg–New York 1992

Hamm M.: Powerfood, Südwest Verlag, München 2001

ders.: Fit und schlank mit dem Glyx. Midena Verlag, München 2001

Hatfield F. C.: Ultimate Sports Nutrition. Contemporary Book inc. 1997

SHABERT J./Ehrlich N.: The Ultimate Nutrient Glutamine. 1994; ISBN 0-89529-588-1

Williams M. H./Kreider R. B./Branch J. D.: Creatine The Power Supplement. 1999; ISBN 0-7360-0162-X

Yates D./Wolff B.: Blood and Guts – The Ultimate Approach To Building Maximum Muscle Mass. Deutschsprachige Ausgabe: Sport Verlag Ingenohl, Heilbronn 1995

Register

Adenosintriphosphat (ATP) 14f., 16f., 68, 72, 105, 110ff.

Alkohol 30f. 33, 74, 84, 90

Aminosäuren 17, 24f., 28, 47ff., 58, 61, 80, 95ff., 103f.

Beta-Oxidation 16

Blutzuckerspiegel 40, 56, 74, 82, 87

Cholesterin 26, 30, 37, 67, 92f. 101f.

Creatinphosphat 14, 68f., 111f.

Diät 32, 34f., 44, 50, 54f., 57, 65, 79, 99, 102, 106f., 109, 115
– anabole 41
– kohlenhydratarme 38 ff., 82, 86

Doping 64, 71, 92
Eiweiß 10, 12, 24ff., 39, 41, 44,
    47, 50, 79, 87, 93, 95ff., 99,
    102ff., 114
Energiebedarf 16, 23f.
Energiebereitstellung 112
Energiegewinnung 7, 11, 13ff.,
    24, 81f., 87, 122
    – aerobe 10, 15f.
    – anaerobe 11, 15f.
Energieumsatz 34f., 37, 89
Enzyme 24f., 28f., 48, 90, 93
Fett 10, 14f., 18, 23f., 26, 28,
    30, 32f., 36f., 39, 41, 44, 47,
    67, 76, 83, 93, 97, 100ff.,
    107, 114ff., 120
Fettabbau 8, 40, 44, 60f., 65f.,
    72
Fettsäuren 16f., 24, 28, 37, 59,
    61, 67, 79
Fettstoffwechseltraining 62, 65
Fettverbrennung 16f., 59, 61ff.,
    75, 102, 107, 115
Freie Radikale 29
glykämischer Index 23, 39f., 121
Herz-Kreislauf-Erkrankungen 66,
    102
Homöostase 18, 122
Hormonproduktion 8, 51, 92
Hydratationsgrad 84
Immunsystem 29, 51f., 61, 81,
    83, 97
Jo-Jo-Effekt 106
Kohlenhydrate 10f., 13ff., 23f.,
    28, 32f., 36, 38ff., 47, 55f.,
    62, 71, 74ff., 79, 82f., 87ff.,
    94, 98f., 102f., 106f., 114f.,
    119f., 122

Kraftzuwachs 18, 94
Krämpfe 33, 71, 77, 90f.
Laktat 16f., 54, 57
Mineralstoffe 23, 27ff., 31, 36,
    74ff., 88, 90, 94, 121
Mitochondrien 10, 15, 17, 58, 61
Muskelabbau 55, 57, 112
Muskelaufbau 14, 37, 52, 55, 62,
    65, 70, 98, 103f., 117, 119
Muskelfasern 10ff., 28
Muskelkater 65
Muskelkontraktion 13, 90, 110
Muskelwachstum 18f., 50, 68f.,
    72, 83, 92, 107, 120
Nährstoffmangel 22, 32f.
Nebenwirkungen 46, 58, 85f., 92,
    109, 113, 117f.
Protein, siehe Eiweiß
Proteinsynthese 13, 49, 54f., 70,
    82f., 90
Pump 26, 52f., 69, 118
Regeneration 33, 37, 50, 57, 61,
    63, 68, 87, 100
Spurenelemente 27, 114, 121
Stoffwechsel 15, 61, 107, 109,
    121
    – anaboler 13, 98
    – kataboler 13
Superkompensation 18
Testosteron 92, 117
Training, aerobes 40, 62f., 105,
    107
    – anaerobes 63, 105
Vitamine 23, 28f., 31, 35f., 61,
    75, 88, 94, 103, 114, 121
Wertigkeit, biologische 94ff.,
    99ff.
Zeit-Mengen-Problem 36, 44

Die Autoren

Prof. Dr. Michael Hamm zählt zu den renommiertesten Ernährungsexperten Deutschlands und lehrt an der Hochschule für angewandte Wissenschaften Hamburg. Er arbeitet u. a. als Berater für die Zeitschrift »Fit for Fun«. Sein Spezialthema ist die Sporternährung.

Andreas Scholz ist Diplom Ökotrophologe und war selbst an der Entwicklung verschiedener Sportnahrungspräparate beteiligt. Er ist aktiver Kraftsportler und Referent für Sporternährung.

Wichtiger Hinweis

Die im Buch veröffentlichten Ratschläge und Rezepte wurden mit größter Sorgfalt von Verfassern und Verlag erarbeitet und geprüft. Eine Garantie kann jedoch nicht übernommen werden. Ebenso ist eine Haftung der Verfasser bzw. des Verlages und seiner Beauftragten für Personen-, Sach- oder Vermögensschäden ausgeschlossen.

Dieses Buch soll den Einsatz und Wirkungsweise von Sportlernahrung übersichtlich beschreiben. Es ist nicht als Anleitung zur »sicheren« Verwendung der beschriebenen Nahrungsergänzungen gedacht. Die im Buch aufgeführten Informationen sind von den Autoren anhand wissenschaftlicher Studien und Erfahrungen aus der Praxis zusammen getragen worden. Es kann keine Gewährleistung oder Haftung durch die Zufuhr der genannten Nahrungsergänzungen übernommen werden. Nahrungsergänzungen sind Lebensmittel und keine Arzneimittel. Bei einigen der in diesem Buch beschriebenen Substanzen handelt es sich um Präparate, die rechtlich als Arzneimittel eingestuft worden sind. Die Zufuhr von sämtlichen beschriebenen Substanzen sollte durch einen erfahrenen Arzt beaufsichtigt werden. Zu einer Selbstmedikation durch medizinische Laien raten die Autoren dringend ab.

Bildnachweis

Bongarts S. 98, 113, 123; Corbis Stock Market/Pete Saloutos S. 85; Interfoto/Archiv S. 39; Jump/Kristiane Vey S. 15, 55, 67; Mauritius/James McLoughlin S. 42; Multi Power S. 26, 34, 51, 60, 62, 70, 74, 105, 108, 115, 116, 119; Newedel fotodesign S. 23; PhotoDisc S. 6, 46, 101; StockFood/S. & P. Eising S. 30/Bodo A. Schieren S. 75/Rick Mariani S. 93; The Image Bank/Patrick J. La Croix S. 20/Robert Holland S. 57/Yellow Dog Productions S. 69/Ellen Schuster S. 80; Zefa/Pierre Hussenot S. 89, Umschlagfoto: XXX

Die Deutsche Bibliothek – CIP-Einheitsaufnahme

Ein Titeldatensatz für diese Publikation ist bei der Deutschen Bibliothek erhältlich.

Impressum

Midena Verlag, München
© 2002 Weltbild Ratgeber Verlage GmbH & Co.KG
Alle Rechte vorbehalten

Projektleitung: Caroline Colsman
Redaktion und Satz: Christopher Hammond, München
Herstellung: Gabriele Schnitzlein
Bildredaktion: Sylvie Busche (Ltg.), Kirsten Dieckerhoff
Umschlagkonzeption: H3A GmbH, München
Reproduktion: Litho Art, München
Printed in Italy

ISBN 3-310-00793-6